Linda McSweeny
Vom Glück, das eigene Herz zu finden

LINDA McSWEENY

VOM GLÜCK, DAS EIGENE HERZ ZU FINDEN

Wie du zu dir selbst findest,
aufblühst und strahlst.
Ein Wegbegleiter.

adeo

Der Verlag weist ausdrücklich darauf hin, dass im Text enthaltene externe Links vom Verlag nur bis zum Zeitpunkt der Buchveröffentlichung eingesehen werden konnten. Auf spätere Veränderungen hat der Verlag keinerlei Einfluss. Eine Haftung des Verlags ist daher ausgeschlossen.

Copyright © 2024 adeo Verlag
in der SCM Verlagsgruppe GmbH,
Berliner Ring 62, 35576 Wetzlar

1. Auflage 2024
Bestell-Nr. 835393
ISBN 978-3-86334-393-4

Umschlaggestaltung: Kathrin Steigerwald · kathrinsteigerwald.de
Umschlagmotiv: Linda McSweeny
Motive Innengestaltung: Linda McSweeny
Satz: Immanuel Grapentin
Lektorat: Dorothea Gösele
Druck und Verarbeitung: Dimograf
Printed in Poland

www.adeo-verlag.de

*Für meine beiden Töchter.
Ihr seid vollkommen.*

INHALT

Intro
DAS LEBEN, DAS DEM HERZEN FOLGT — 11
Ein erster Schritt von innen nach außen — 15
Lied: So viel mehr — 22

Kapitel eins
JEDES HERZ HAT SEINE GESCHICHTE — 25
Eine Schaukel und die Welt dahinter — 28
Eine Oase der Liebe — 30
Ein großes Abenteuer und seine Grenzen — 32
Mein Umweg zu mir selbst — 36
Ein Weggefährte für dich — 39
Lied: Mauer — 41

Kapitel zwei
WIE KOMME ICH RAN AN MEIN HERZ? — 43
Suche nicht länger um dich herum, suche in dir — 47
Alles darf sein – wir dürfen sein — 48
Gedanken als Wegweiser zu unseren Gefühlen — 51
Umarm die Fragen — 52
Der Weg zum Herzen ist eine
   Wahrnehmungsschule — 56
Ballast loswerden — 58

Goldstaub-Spuren auf unserem Lebensweg	61
Zwei mutmachende Gefährten – Worte der Selbstliebe	66
Zwei Dinge, mit denen du dich sabotierst	68
Der Geschäftigkeits-Saboteur – finde Zeit für das Wichtigste	70
Der Bequemlichkeits-Saboteur – was brauchst du wirklich?	71
Umbrüche und Krisen	72
Lied: Fragen	74

Kapitel drei
DEINE GRÖSSTE LIEBESGESCHICHTE — 77

Wie frischt man eine verrostete Liebe auf?	81
Sieh dich mit neuen Augen	83
Versuche, dich nicht selbst zu verurteilen	84
Gib dir Raum	87
Dein Körper – der Spiegel deines Herzens	92
Das Vergleichen ist das Ende des Glücks	94
Vertraue dem perfekten Timing	96
Schön, dass es dich gibt	97
Lied: Gnädig	102

Kapitel vier
FRIEDE – EINE HERZENSFORMEL — 105

Frieden im Herzen kann nur wild wachsen	108
Innerer Frieden kommt, wenn wir dem Sturm begegnen	111
Wie Krieger des Lichts im Frieden leben	113
Wege des Friedens	115

Bewegung bringt Frieden ... 116
Das Auge im Sturm ... 116
Verdiene deinen eigenen Friedensnobelpreis ... 118
Lied: Fürchte dich nicht ... 120

Kapitel fünf
LASS DEIN ABENTEUER BEGINNEN ... 123
Um herauszufinden, was wir wirklich wollen, müssen wir losgehen ... 127
Der erste Schritt ... 128
Dein Traum kommt auf dich zu ... 129
Dein Wunder ist jetzt ... 130
Der Weg ist das Ziel ... 133
Lass dich nicht aufhalten ... 134
Nimm das Monster mit ... 136
Werde aktiv – Gedanken sind eine Tat ... 137
Die Macht der kleinen Schritte ... 142
Und wenn es nicht funktioniert? ... 142
Falsche Zeit, falscher Ort ... 143
Lied: Dieser Moment ... 146

Kapitel sechs
VERTRAUEN FINDEN UND LOSLASSEN ... 149
Wie wir zu unserem Urvertrauen zurückfinden ... 154
Eine Bewegung Richtung Himmel ... 156
Das Geheimnis, das Vertrauen aktiviert ... 157
In guten wie in schlechten Zeiten – wegrennen gilt nicht ... 161
Nur das, was du loslässt, kannst du wirklich besitzen ... 165

Mit leeren Händen kannst du den Moment ergreifen	166
Klarheit	167
Lied: Nimm es leicht	170

Kapitel sieben

DER WERT DES LEBENS	173
Öffne dein Geschenk	175
Von Murmeln und Diamanten	177
Das Leben fließt	178
Nicht erst morgen	179
Das weiße Blatt Papier	180
Lied: Lebendig	182

Outro

ÜBUNGEN FÜR DEIN HERZ	185
Zwei Übungen, um das Herz zu locken	190
Übung 1: Kopf- & Herz-Stuhl	191
Übung 2: Gedankenreise zu deinem zukünftigen Ich	193
Zwei Übungen, um Frieden zu finden	195
Übung 3: Trost und Trostlosigkeit	195
Übung 4: Moment der Annahme	199

Danksagung	200
Anmerkungen	205

Intro

DAS LEBEN,
DAS DEM HERZEN FOLGT

VON DIESEM
ORT DER LIEBE AUS

KANN
ALLES ANDERE
WACHSEN,

IN SEINER ZEIT
UND
OHNE DRUCK.

Das Wort „Herz" wird auf viele Weisen verwendet. Für jeden hat es irgendwie eine andere Bedeutung. Ich weiß nicht, welche Erfahrungen du mit diesem Wort verbindest, aber ich möchte hier meine persönliche Definition niederschreiben, damit wir das gleiche Wortverständnis haben und du das Buch, das du gerade in Händen hältst, von Herzen genießen kannst.

Für mich ist das Herz der Ort, von dem unser echtes Sein ausgeht – das Zentrum der Liebe und Verbundenheit. Wenn wir diesen Ort wahrnehmen und wertschätzen, zeigt er uns den Weg zu innerem Frieden und Erfüllung. Unser Körper kann nicht ohne das Herz in unserer Brust leben. Und so ähnlich ist es auch mit dem Herz, auf dessen Suche ich mich begeben habe: Es ist der Ort, ohne den kein erfülltes Leben möglich ist. Ich sehe das Herz als Metapher für die Quelle des wahren Lebens und des wahren Seins in der Weise, wie wir in unserem ursprünglichen Kern erdacht und gemacht sind.

Viele Jahre habe ich mein Herz, also das, wie ich in meinem Inneren gefühlt habe, abgelehnt und verurteilt. Ich habe mich selbst fertiggemacht, Unmögliches von mir erwartet und meinen Wert an meiner Leistung und den „richtigen

Gefühlen" bemessen. Doch ein zutiefst erfülltes Leben muss auch verbunden sein mit dem, was uns zutiefst erfüllt, unserem eigenen Herzen, mit allem, was dazugehört. Darum ist es so wichtig, darum ist es unser Glück, unser eigenes Herz zu finden.

Ich brenne für dieses Thema, denn ich weiß, wie viele von uns innerlich leiden, weil uns das, was wir in uns finden, verzweifeln lässt. Ich bin so lange an mir selbst verzweifelt und konnte deshalb das Leben, das mir geschenkt wurde, nicht genießen. **Doch verbunden mit uns selbst und einer Liebe, die das ganze Universum zusammenhält, können wir eine Selbstliebe entwickeln, die uns hilft, ein Leben zu gestalten, das uns erfüllt und das zu uns passt.**

Noch bevor ich die ersten Kapitel geschrieben hatte, ist die Zeichnung entstanden, die nun auf dem Cover zu sehen ist. Doch erst, während sich dieses Buch in den letzten Zügen befand, wurde mir bewusst, wie oft ich mir genau diese Geste selbst schenke. Ich lege meine Hand auf meine Brust und nehme wahr, wie mein Herz schlägt. Manchmal rast es wie wild, lässt mich seine Wucht bis in den Hals hinauf spüren. Manchmal schlägt es ruhig und gleichmäßig, gibt mir ein Gefühl der Ruhe und Geborgenheit. Diese Geste hilft mir, mich mit mir selbst zu verbinden, im Moment anzukommen, mir selbst Freundlichkeit entgegenzubringen. Dann sage ich mir: „Schön, dass es dich gibt." Dieser Satz hat in meiner Geschichte, die ich dir noch erzählen werde, eine sehr große Bedeutung für mich bekommen. Deshalb möchte ich ihn dir schon jetzt zusprechen:

„SCHÖN, DASS ES DICH GIBT."

Ein erster Schritt von innen nach außen
Lange Jahre hatte ich genaue Vorstellungen davon, wie ein gutes Leben aussehen sollte. Davon, wie ich sein sollte, um irgendwie einen Platz finden zu können, der mir ein erfülltes Leben ermöglicht. Mit jedem Jahr, das ich älter wurde, jeder weiteren Rolle, die ich ausfüllen wollte, wurde dieses Bild in meinem Kopf konkreter. Wie sollte eine gute Angestellte sein? Welche Qualitäten braucht sie? Was zeichnet eine gute Partnerin oder Ehefrau aus? Was macht eine gute Mutter aus? Und wie muss ich eigentlich sein, damit ich mich selbst mögen kann?

Wie dieses Bild von einem guten oder normalen Leben in unserem Kopf entsteht, ist eine Geschichte für sich, doch wahrscheinlich haben wir alle eine bestimmte Vorstellung davon, wie ein gutes Leben aussehen sollte oder wie wir selbst sein müssten.

Mein Dilemma war, dass meine genauen Vorstellungen und meine Erwartungen an mich oft nicht zu dem passten, was ich in mir finden konnte. Ich empfand mich als nicht „richtig". Also entschloss ich mich, das, was ich in mir spürte, nicht so wichtig zu nehmen, und mich mehr auf das zu konzentrieren, was ich tun konnte. Doch über die Jahre wuchs mein innerer Druck. Alles, was ich unterbewusst, manchmal auch bewusst, runterdrückte, sammelte sich in mir an wie die Luft in einem Ballon, der bald so prall war, dass er drohte, jeden Moment zu explodieren.

Das einzige Werkzeug, das mir in diesen Zeiten zur Verfügung stand, um mit meinem Druck umzugehen, war die Anstrengung. Ich versuchte, immer perfekter zu werden und das Leben unter Kontrolle zu bekommen. „Streng dich doch einfach noch ein bisschen mehr an. Wenn du dieses und jenes erreicht hast, wird bestimmt auch der innere Friede einziehen." Diesen Satz sagte ich mir oft. Heute weiß ich, dass das so leider nie passieren wird, denn ich habe es sehr lange erfolglos versucht. Ich habe mein gesamtes inneres Empfinden so lange abgelehnt, mich selbst als „nicht richtig" wahrgenommen und versucht, meine Gefühle und mich selbst durch Anstrengung zu verändern. Aus dieser Motivation heraus habe ich mein ganzes Leben gestaltet. Ich hatte die Hoffnung, irgendwann gut genug zu sein und darin endlich Frieden zu finden.

Jedes Herz hat seine ganz eigene Geschichte, die gelebt werden möchte. Doch dem eigenen Herzen zuzuhören, ihm zu vertrauen, das braucht einen mutigen und ehrlichen Schritt von außen nach innen, von einem „So muss es sein" hin zu einem „So ist es im Moment". Wenn du zu den Menschen gehörst, die glauben, sich selbst erst optimieren zu müssen, um inneren Frieden zu finden und ganz im Leben anzukommen, dann habe ich diese Zeilen für dich geschrieben. Und ich schreibe sie auch für mich, denn auch ich will ankommen, immer wieder.

Lange Zeit dachte ich, bei mir selbst anzukommen wäre ein Weg, der dem Erklimmen des Grand Canyon ähnelt. Um diesen Weg zu meistern, will die Fitness trainiert und die Ausrüstung bedacht werden. Zudem entstehen große Reisekosten, die erst einmal erspart werden wollen. Die Wetterverhältnisse müssen natürlich stimmen und ein Tourguide wäre auch nicht schlecht, denn mit einem erfahrenen Partner geht doch alles besser.

Genauso hatte ich eine innerliche Liste, was alles „richtig" sein muss, bevor ich innerlich dort ankommen kann, wo ich sein will. Alles erschien mir so schwer, unüberwindbar und weit weg, dass ich meine Versuche schnell wieder aufgab. Doch im eigenen Herzen und in einem erfüllten Leben ankommen, das geht nie morgen, das geht nie nächstes Jahr oder dann, wenn sich etwas verändert hat. **Ankommen, das geht immer nur jetzt, in diesem Moment.**

Deshalb ist der Weg hin zu dir nie weit und nie lang. Bei der Reise hin zu dir selbst und deinem erfüllten Leben geht es nicht darum, besser zu werden oder Ziele zu erreichen, die in weiter Ferne liegen. Es geht darum, all den Ballast loszuwerden, der uns auf den Schultern, den Gedanken und dem Herzen liegt, um leichtfüßig und frei jeden Schritt des Weges zu genießen, der Leben heißt.

Wir dürfen die Vorstellungen von einem „richtigen" Leben oder einem „richtigen" Sein, die inneren Druck in uns auslösen, die uns das Gefühl geben, nicht genug zu sein, hinter uns lassen. Wir dürfen ein Leben führen, das dem Herzen folgt. Im eigenen Herzen angekommen hört alles Vergleichen, die Frage nach dem „Bin ich genug?" und die Angst vor dem Scheitern auf. Denn du beginnst, dich selbst und dein Leben, das, was du bist und das, was du hast, wertzuschätzen. Du entdeckst, dass auf diese wundervolle Weise jedes Leben ein Meisterwerk ist.

Unser Leben ist von unschätzbarem Wert und bringt alles mit sich, was wir für unsere Reise brauchen. Das haben wir vielleicht für einen Moment vergessen, ich hatte es viele Jahre vergessen. Doch es gibt einen Weg zurück zu uns. Einen Weg hin zu dem Leben, für das unser Herz schlägt. Von diesem Weg handelt mein Buch, vom Glück, das eigene Herz zu finden.

Zu erkennen, was das Herz eigentlich ist oder wie wir uns selbst verstehen können, ist Teil der Reise. Ich persönlich glaube, dass diese Reise erst mit unserem Tod enden wird. Mit dem Verstand greifen zu wollen, was die Essenz allen Lebens ist, scheint mir unmöglich. **Dennoch ist es mein persönlicher Sinn des Lebens geworden, mich selbst zu finden und zu lieben, aufzublühen und zu strahlen. Von diesem Ort der Liebe aus kann alles andere wachsen, in seiner Zeit und ohne Druck.** Liebe ist eine Energie, die sich automatisch multipliziert und vermehrt, wenn wir ihr Raum geben. Doch das muss immer bei uns selbst beginnen.

Zu Anfang dieses Buches möchte ich dir meine Geschichte erzählen. Ich wünsche mir, dass diese ehrlichen Zeilen dir Mut machen. Ich bin eine Frau, die jahrelang eine Gefangene ihrer eigenen Vorstellungen und Erwartungen war und es selbst nicht wusste. Ich habe diese Mauern eingerissen, und es dürfen immer noch weitere Steine fallen. Lass dich mitnehmen von mir, denn mein Herz schlägt dafür, Steine fallen zu sehen, bei dir und bei mir, damit unser Leben und damit diese Welt ein noch hellerer und schönerer Ort werden.

Nach meiner eigenen Geschichte folgt ein Versuch, diesen mysteriösen Weg zum Herzen, den jeder nur ganz persönlich und individuell gehen kann und muss, zu beschreiben. Dort findest du meine Gedanken und Erlebnisse, die mein Herz gelockt, und gegensätzliche, die mein Herz verdrängt haben. Ich kenne beide Welten sehr gut, die der Selbstliebe und die der Selbstverleugnung, und wünsche mir, dir mit meinen Erfahrungen Hoffnung und Mut zu schenken und das Wissen, dass du nicht allein bist.

Der einzige Weg hin zum Leben führt durch unser Inneres. Die ersten Schritte scheinen riskant und abenteuerlich. Die Angst, dass alles zusammenbricht, wenn ich mich nach innen wende und ehrlich zu mir bin, hat mich über Jahre gelähmt. Doch die Gefühle in mir benennen zu können und zu sehen, dass andere die gleichen Ängste kennen und aufgelöst haben, hat mich getragen.

Obwohl äußerlich vieles in meinem Leben unverändert geblieben ist, habe ich doch das Gefühl, ein neues Leben zu führen. Ich habe mehr Frieden gefunden, mehr Liebe und Mut, mir selbst zur Seite zu stehen, so zu leben, wie es mir entspricht.

Wenn dich nur eine Zeile in diesem Buch dazu ermutigt, dich ein Stück mehr hin zu dir und deinem eigenen Lebensweg zu wenden, dann macht mich das glücklich. Ich fühle mich verbunden mit dir und trage dich und deine Reise in meinem Herzen und meinen Gebeten.

Deine Linda

ÜBRIGENS

Jeder Mensch hat seine ganz persönliche Weise,
wie er Licht und Schönheit in die Welt hineinträgt.
Für mich ist eine Art, das zu tun, die Musik.
Deshalb findest du am Ende eines jeden
Kapitels einen Liedtext von mir.
Mithilfe der QR-Codes kannst du das
Lied auch anhören.
Wie würdest du gerne Licht und Schönheit
in diese Welt tragen, um sie zu einem noch wundervolleren
Ort zu machen?

SO VIEL MEHR

Deine Gedanken scheinen unendlich weit zu geh'n,
in fremde Welten und Dimensionen zu seh'n,
doch deine Grenzen sind im tiefen Nebel verborgen.
Überzeugungen scheinen wie ein Kompass klar,
zeigen dir Wege auf, fühlen sich völlig wahr an,
vielleicht stimmt es auch, vielleicht aber auch nicht.

Gegang'ne Wege scheinen nun dein Weg zu sein,
gesagte Worte sagen dir: „So muss es sein",
dein Blick zurück malt dir ein Bild von allen Tagen,
die noch kommen.
Mit vielem hast du dich im Leben eingerichtet,
deinen Platz gefunden, vermutest es ist richtig.
Vieles ist schön, doch viele Fragen sind noch da.

**Und du gehst raus aus dir,
du gehst hin zu dir.
Machst die Augen auf,
da ist so viel mehr,
so viel mehr um dich.**

Schritt für Schritt gehst du in völlig neue Welten,
jeder Mensch sieht anders, versteh'n tun wir uns selten.
Deine Ohren werden hell und deine Augen seh'n klarer.
Was vorher eng und hart war, das wird plötzlich weich,
was einmal unerträglich schien, wird plötzlich leichter.
Eine Weite nimmt Raum und auch die
Grenzen sind zu seh'n.

**Und du gehst raus aus dir,
du gehst hin zu dir.
Machst die Augen auf,
da ist so viel mehr,
so viel mehr um dich.**

Kapitel eins

JEDES HERZ HAT SEINE GESCHICHTE

DER WEG
ZU DIR SELBST
FÜHRT
DURCH DEIN
INNERES.

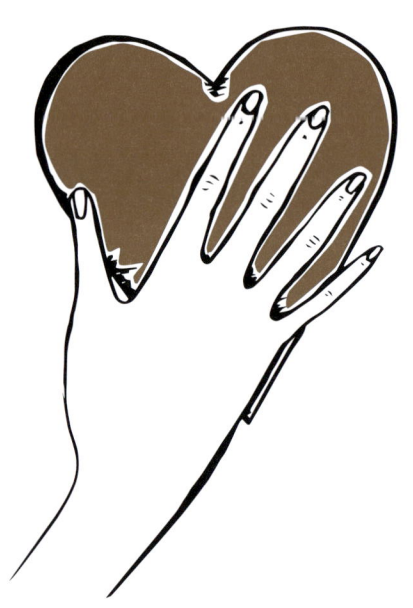

Der Weg zu dir selbst und deinem ganz eigenen Lebensweg führt durch dein Inneres. Wenn du anfängst, dich selbst kennenzulernen und durch deine innere Welt zu gehen, entdeckst du Schlüssel zu deinen Träumen. Dort wirst du auch deiner Geschichte begegnen. Du wirst all das Leid finden, das über die Jahre seine Spuren hinterlassen hat. Du wirst deine Grenzen finden, die umarmt und angenommen werden wollen, die aber auch erst einmal Angst machen. Es wird ein Wechselspiel von überwältigender Schönheit und verborgenen Schattenwinkeln sein, die nur langsam ganz mit Licht gefüllt werden können. **Doch das Licht scheint. Es ist in deinem Herzen verborgen und es wartet darauf, aufzubrechen.**

Für mich war und ist diese Reise wie eine Erlösung. Obwohl noch ein großes Stück Strecke vor mir liegt, bin ich angekommen bei mir. Immer wieder ändern wir uns, immer wieder entdecken wir Neues in uns, was liebevoll angenommen und umarmt werden möchte. Doch der Weg, der dem Herzen folgt, ist weit und hell und klar, denn wir brauchen keine Angst mehr vor uns und dem Leben zu haben.

Meine Geschichte ist nicht spektakulär. Doch der Wendepunkt, den ich erlebt habe, ist es. Ich bin meine eigene Heldin geworden, indem ich die Heldin, die ich dachte, sein zu müssen, losgelassen habe.

Eine Schaukel und die Welt dahinter
Ich bin aufgewachsen wie ein kleiner Juwel. Meine Eltern haben mich geliebt und mir zugesprochen, dass ich einzigartig und wunderbar gemacht bin. Mein Vater ist Musiker und hat mich schon als kleines Mädchen auf seine Konzerte mitgenommen. Ich habe diese Welt geliebt. Das Licht, die Bühne, die ausgelassene Freude. So wollte ich auch sein. Ich wollte scheinen. Meine zwei kleinen Brüder und ich hatten ein schönes Zuhause und einen Garten mit Schaukel, auf der ich mich regelmäßig aus der Hand der bösen Piraten retten ließ. Alles war, wie es sein sollte.

Ich empfinde es als Geschenk, dass ich im eigenen Zuhause Geborgenheit finden konnte. Doch diesen sicheren Ort musste ich irgendwann verlassen, wenn mein Abenteuer mehr als nur die eigene Gartenschaukel beinhalten sollte. Für mich ging es nun im Kindergarten weiter. Durch die Begegnung mit den anderen Kindern lernte ich schnell, dass es noch weitere Versionen der Geschichte über mich gab, die meine Eltern mir erzählt hatten. Tief in mir drin war ich bald davon überzeugt, dass mein Leben, oder genauer gesagt ich selbst, nicht genau so war, wie ich sein sollte. Ich fing an zu vermuten, dass meine innere Wahrnehmung von mir selbst trügerisch war. Ich schien doch nicht die Qualitäten zu haben, um ein glückliches, strahlendes Leben zu führen.

Ich war ein auffälliges Kind. Immer etwas größer, etwas dicker und etwas lauter als meine Kindergarten- und Schulkameraden. Es kostete mich viel Mühe, bei einem Spiel dabei sein zu dürfen, sobald ich meine sichere Gartenschaukel verließ – und meistens musste ich am Rand stehen. Scheinbar nicht gut genug zu sein war schlimm. Doch noch schlimmer war es, dabei gesehen zu werden. Also überspielte ich jede Unsicherheit und blieb bei meinem Plan. Ich strahlte, zumindest äußerlich, egal was die anderen sagten. Dadurch wurde ich noch lauter und, von Süßigkeiten getröstet, noch dicker. Ich erinnere mich noch gut, wie ich meine Schulpausen am Kiosk verbrachte. Immer wieder stellte ich mich in der Schlange an, damit niemand bemerkte, dass ich allein war. Die ergatterten Mengen von Schokoriegeln haben mich durch den restlichen Tag getragen. Später halfen die Raucherpausen, oder die Clique, die den Unterricht schwänzte. Ich war dankbar für jeden Funken Aufmerksamkeit, den ich erhaschen konnte, denn jede Ablehnung war so bloßstellend und schmerzhaft.

Meine Noten waren selten die besten. Die Schule interessierte mich einfach nicht. Damals war mir das nicht bewusst, aber heute spüre ich, welche tiefen Überzeugungen sich in diesen Jahren bei mir eingeprägt hatten. „Du bist dumm." „Du bist einfach nicht so gut in Mathe und Rechtschreibung." „Du kannst dir die Dinge eh nicht so gut merken." „Wenn du dabei sein möchtest, musst du dich anstrengen." Was mich in meinem Schulalltag interessierte, war die Frage, ob ich jemanden finden würde, der mit mir den Schulweg laufen wollte und welche zuckrigen Seelentröster ich mir als Nächstes kaufen konnte.

Die Freude an der Musik blieb mir immer treu. Ich durfte im Kinderchor und in der Kirche singen. Wenn ich auf der Bühne ein Stück vortrug, waren sogar meine Klassenkameraden gerührt. Doch auch hier wurde ich bald anders wahrgenommen. Ein Musiker, für den ich arbeiten durfte, sagte zu mir, als ich vierzehn Jahre alt war: „Wenn du nicht so dick wärst, könnte aus dir eine tolle Sängerin werden." Plötzlich kam auch hier die vermeintliche Bestätigung meiner Ängste.

Ich war ertappt, obwohl ich mir doch so viel Mühe gab, all meine Mängel zu überspielen.

In meiner ersten Ausbildung zur Friseurin meinte meine Chefin, dass ich bei meiner Figur doch bitte in ihrem Geschäft etwas anderes tragen sollte. Mit dem kurzen, roten Pullunder war sie nicht einverstanden. Ich erinnere mich, dass ich mich weinend auf der Toilette eingeschlossen habe. Und dieser Tag war nicht der einzige.

In all diesen Zeiten war meine Familie für mich da. Bis heute glauben und leben wir, dass jeder Mensch wunderbar und einzigartig gemacht ist. Ich versuchte, mich mit dieser Liebe und Wertschätzung zu trösten. Doch wer aufgehört hat, sich selbst zu lieben, kann auch keine andere Liebe von Herzen annehmen.

Eine Oase der Liebe
Mit siebzehn Jahren kam ich zu einer christlichen Gemeinde. Hier fand ich Menschen, die mich annahmen, und ein Umfeld, in dem ich mich wohlfühlte. Bis heute empfinde ich diesen Ort wie ein Paralleluniversum. Ich hatte das Gefühl, dass es keinen interessierte, wie ich aussah oder wie meine Geschichte war. Ich durfte einfach dazugehören. Die große Bühne mit den tollen Musikern begeisterte mich und erinnerte mich an meinen Herzenstraum. Doch ich war mir sicher, dass ich dort niemals stehen würde.

Ich täuschte mich. Es dauerte kein Jahr und ich war fester Teil des Musikteams. Das Glück, das ich zu dieser Zeit empfunden habe, war ein erster Hinweis auf meine Herzensstimme, die ich jedoch aus Verletztheit schon lange nicht mehr hören konnte. Sie sprach über die tiefe Sehnsucht danach, genauso angenommen zu sein, wie ich bin.

Diese Gruppe von Menschen, ihre Art zu leben und zu lieben, begeisterte mich. Ich durfte mein altes Leben mit all der Ablehnung hinter mir lassen und noch einmal neu beginnen. Diese Zeit hat mir neuen Mut gegeben. Ich wurde angenommen und wertgeschätzt.

Leider hatte ich damals noch keine Ahnung davon, dass ich eine Herzensstimme besitze. Alles spielte sich um mich herum ab, nicht in mir. Und dennoch fühlte ich mich in meinem Umfeld geborgen, bei Gott und bei den Menschen, bei denen ich einfach sein durfte.

Die Liebe, die ich selbst in der Gemeinde erlebt hatte, diese Liebe, die mein Leben so verändert hatte, sollte nun durch mich auch anderen zuteilwerden. Mein zum Teil falsch verstandener Glaube und der feste Vorsatz, mich immer hintenanzustellen und anderen zu helfen, waren ein weiterer Schritt auf dem Weg, mich selbst wegzuschließen. Ich wollte ein Weltverbesserer sein, doch meine innere Welt spielte dabei noch lange keine Rolle.

Über Jahre hinweg versuchte ich mich selbst zu optimieren, immer mit dem Ziel vor Augen, dass es den Menschen um mich herum besser gehen sollte. Ich wusste, wie Ablehnung und inneres Leid sich anfühlten und was die liebevolle Zuwendung einer Gemeinschaft, ein Dazugehören, bewirken konnten. So wie ich es in der Gemeinde selbst erlebt hatte, so sollte es anderen auch ergehen, im Idealfall durch Gottes Liebe, die „ich" ja im Gepäck hatte.

In dieser Zeit hörte ich auf, als Friseurin zu arbeiten, machte in unserem Familienbetrieb eine Ausbildung zur Mediengestalterin und, mit Hilfe einer Begabtenförderung, eine Weiterbildung zur Marketing-Managerin. Die erlebte Wertschätzung und der Wandel in meinem Leben machten mich mutig und stark. In unserer Druckerei baute ich eine Werbeagentur als zweites Standbein auf. Hier war ich wieder auf meiner „eigenen Schaukel". In diesem sicheren Umfeld und durch den Flow, den ich erleben durfte, bekam ich einen neuen Hinweis auf meine Herzensstimme. Ich liebe es, zu bauen, Neues zu erschaffen. Doch weiterhin baute ich ausschließlich außen und ignorierte die nötigen Arbeiten, die mein Herz gebraucht hätte. Ich wusste es nicht besser.

Das, was ich nach außen darstellte, ließ mich nachts manchmal weinend im Bett liegen. Ich hatte Angst. Angst, dass am nächsten Tag keine Idee für das aktuelle Projekt kommen würde, dass der Kunde meinen Entwurf nicht mögen könnte, dass ich auffliegen und jemand sehen würde, wie es wirklich in mir aussah. Ich gab immer alles, war aber weiterhin davon überzeugt, dass meine Leistung lange nicht genug war, dass ich nicht genug war. Für mich war klar, dass ich mir keine Pausen erlauben durfte. Wenn ich mithalten wollte, dann musste ich mich anstrengen.

Noch heute fällt es mir schwer, einfach mal nichts zu tun. Doch ich lerne.

Ein großes Abenteuer und seine Grenzen
2006 traf ich meinen heutigen Mann. Mr California liebte mich und ich liebte ihn. Und noch etwas verband uns. Wir liebten beide unsere Gemeinde, diesen Ort der bedingungslosen Annahme. Doch sein Traum war noch größer, als nur in einer solchen Gemeinde zu arbeiten. Zwei Jahre nach unserem ersten Date waren wir verheiratet und fingen an, in Frankfurt eine eigene Gemeinde zu bauen, so wie wir sie selbst erlebt hatten. Einen Ort der Annahme und der Liebe. Der Schritt ins Unbekannte, weg von meiner geliebten

Agentur, meinen Freunden – er fiel mir schwer, doch ich hatte die leise Hoffnung, dass ein Neuanfang meinen inneren Druck rausnehmen würde. Mit dem Umzug von Siegen nach Frankfurt begann für meinen Mann und mich ein wildes Abenteuer voller Schönheit und Tränen. Doch bei all dem blieb der innere Druck in mir. Der Spruch „Man nimmt sich selbst immer mit" ist so wahr.

Über die Jahre entwickelte sich die Gemeinde zu dem Ort, wie ich ihn mir gewünscht hatte. Noch heute denke ich gerne an diese Zeit zurück. Die ersten Gottesdienste in unserem Wohnzimmer, die Frauenabende, die tollen Marktstände in unserer Stadt und all die wundervollen Freundschaften, die während dieser Zeit entstanden sind. Doch ich sah mich selbst verantwortlich, diesen Ort aufrechtzuerhalten. Ich spielte die Musik im Gottesdienst, machte Kindergottesdienst und organisierte das Kirchen-Café. Bald hatten wir wöchentliche Gottesdienste und Gebetstreffen, ein Ladenlokal zur Miete, doch keine festen Mitarbeiter, die uns zur Seite standen. Mein Mann, nun Pastor, arbeitete „nebenberuflich" Vollzeit und auch ich arbeitete aus der Ferne weiterhin für unsere Agentur. Das alles haben wir gerne gemacht. Es war unsere Vision. Doch mein eigenes Herz ignorierte ich weiterhin. Auf die leise Stimme zu hören, die mir riet, eine Pause zu machen, etwas loszulassen oder „nein" zu sagen, barg ein zu großes Risiko in sich. Alles könnte zusammenbrechen.

Im Jahr 2012 erlebte ich ein doppeltes Wunder. Unsere erste Tochter kam auf die Welt. Die Freude über dieses Wunder Nummer eins hat mich so sehr bewegt, dass ein Herzenswunder dazukam und ich für ein Jahr all meine Not und all meinen Druck loslassen konnte. Ich zog mich aus jeder Gemeindeaufgabe zurück, ging in Elternzeit und überließ die Welt um mich herum sich selbst. Ich konzentrierte mich ganz auf mein Baby. Ich lebte in den Tag, machte stundenlange Spaziergänge, kochte mir und meinem Mann leckeres Essen, wofür ich vorher schon lange keinen Kopf mehr gehabt hatte. Die Liebe zu meiner Tochter bewirkte etwas in mir, das ich auch im Rückblick nur als Wunder bezeichnen kann, denn aus meiner eigenen Kraft schien mir das Loslassen bis zu diesem Zeitpunkt unmöglich. Doch nach einem Jahr, mit der Rückkehr meiner Aufgaben in der Gemeinde und der Agentur, kehrten auch meine inneren Muster zurück. Als unsere zweite Tochter 2014 auf die Welt kam, war sie das nächste Wunder. Dieses einzigartige Mädchen ist bis heute, zusammen mit ihrer Schwester, mein größtes Glück auf Erden. Doch mir ging es gesundheitlich während der Schwangerschaft und auch im ersten Jahr mit dem Baby nicht gut. Also blieb eine weitere Gelegenheit, meinem inneren Druck zu entfliehen, aus. Im Gegenteil – er wuchs.

Nachdem unsere Kleinste auf der Welt war, kehrte ich eine ganze Weile nicht in die Agentur zurück. Doch durch einen Wendepunkt im Leben meines Mannes nahm ich eine weitaus schwerere Verantwortung auf meine Schultern. Mein Mann ging schon lange über seine persönlichen Grenzen, doch die unruhigen Nächte mit zwei kleinen Kindern brachen ihm das Genick, fast im wörtlichen Sinne. Er wurde mit unerträglichen Migräne-Attacken chronisch krank.

Plötzlich fühlte ich mich nicht mehr nur dafür verantwortlich, dass ich funktionierte, auch mein Mann „musste" weiter funktionieren. Ich nahm ihm sämtliche Aufgaben ab, die ich übernehmen konnte, war dauerhaft damit beschäftigt, im Haus Ruhe zu bewahren (was mit zwei kleinen Kindern nicht leicht ist), und versuchte, mit Wort und Tat alles geradezubiegen, was aus dem Ruder zu laufen schien. Die Krankheit meines Mannes und die Gemeinde wurden in meinem Leben die alles beherrschenden Themen. Die Angst, das alles zusammenbrechen würde, ließ mich weiterhin über meine eigenen Grenzen gehen und ich überschritt auch die Grenzen meines Mannes.

Ich konnte mich immer schlechter konzentrieren, doch die einzige mir bekannte Lösung dafür war, mich besser zu beherrschen und noch mehr Kontrolle zu gewinnen. Auf besorgtes Fragen nach meinem Wohlergehen habe ich immer gesagt: „Es geht mir gut", und habe es mir, taub für mich selbst geworden, auch geglaubt.

Die Gemeinde, von uns als Pastorenehepaar gegründet, lag in unseren Händen. Letztendlich hing ihr Bestehen von unserer Initiative ab, auch wenn viele Familien ihren Beitrag leisteten. Ein Aufhören von unserer Seite bedeutete gleichzeitig das Schließen dieses besonderen Ortes, der uns so viel bedeutete, denn einen Nachfolger konnten wir nicht finden.

Unser innerer Kampf zog sich lange. Doch letztendlich, im Jahr 2018, trafen wir die schmerzhafte und gleichzeitig erlösende Entscheidung, die Gemeinde zu schließen. Heute kann ich sagen, dass sich damit ein Kreis schloss. Ein wertvolles Werk hatte sein Ende gefunden, und bildet, verbunden mit dem Anfangspunkt, einen Kreis, der gefüllt ist mit Geschichten, die Leben berührt haben.

Es gibt Momente, die einem für immer und ewig im Gedächtnis bleiben. Oft geschieht das, wenn wir etwas Großes zum ersten Mal erleben. Die erste große Reise, das erste Konzert, den Hochzeitstag oder die Geburt eines Kindes. Ein solcher Moment kam für mich nun hinzu, als mein Mann in die Schmerzklinik ging.

Mein Umweg zu mir selbst
Ich erinnere mich gut an den ersten Abend, an dem ich allein zu Hause saß. Ich fing einfach an zu weinen. Die Tränen der letzten zwei Jahrzehnte überfielen mich. Jetzt, wo alles vermeintlich zusammengebrochen war, gab es für mich keinen Grund mehr, mich zusammenzureißen. Die Gemeinde gab es nicht mehr, um meinen Mann kümmerten sich jetzt die Ärzte. Plötzlich fielen alle die mir selbst auferlegten Lasten ab, und zurück blieben meine zwei wundervollen Kinder und mein schönes Zuhause – die Schnelligkeit verschwand und ich genoss es, wieder mehr Zeit mit meinen Mädchen zu verbringen. Ich hatte vorher nicht loslassen können. Die Angst, die Kontrolle über mein Leben zu verlieren, war zu groß gewesen.

Diesem Abend folgten vier Monate der tiefen Trauer. Ich musste viel weinen, mir vieles eingestehen, annehmen und verzeihen, denn zum ersten Mal konnte ich die Dinge ein Stück weit sehen, wie sie wirklich waren und sind. All das, was ich durch Anstrengung und Kontrolle hatte aufrechterhalten wollen, war weg.

Jahrelang wollte ich die Kontrolle behalten und hatte genaue Vorstellungen davon, wie die Dinge zu laufen hatten. Wenn etwas anders kam, entstand großer Druck, alles in die gewünschte Richtung bringen zu müssen. **Jetzt war alles anders gekommen, doch es fühlte sich gar nicht so schlimm an, wie ich gedacht hatte.** Im Gegenteil, obwohl ich so traurig war, obwohl ich mich erschöpft fühlte und ständig in Tränen ausbrach, hatte ich eine tiefe innere Gewissheit, dass etwas Wundervolles, Neues beginnen würde.

Der innere Freiraum, der sich an diesem Abend zum ersten Mal auftat, ließ eine neue, leise Hoffnung in mir aufwachsen. Eine Hoffnung, die ich vorher nicht gekannt hatte. Was, wenn das Leben, wenn mein eigenes Leben, unfassbar viel Schönes bereithält, wenn alles irgendwie schon gut ist, obwohl ich es nicht selbst kontrollieren kann, obwohl in meinen Augen nicht alles perfekt läuft? Erst in den Monaten und Jahren danach hat sich für mich entschlüsselt, was hier begonnen, was sich im Stillen schon lange in mir vorbereitet hatte.

Ich glaube, dass ich Gott und seine Liebe an diesem Abend zum ersten Mal in seiner vollen Schönheit wahrnehmen konnte. Denn ich hatte angefangen, mich selbst zu sehen und zu lieben. Es hat noch vier Monate gedauert, bis ich mein Herz hinter all der Trauer finden konnte, doch schon von diesem Tag an und durch all die Tränen hindurch wurde mein Leben heller und heller.

WAS, WENN DAS LEBEN,
WENN MEIN EIGENES LEBEN,

UNFASSBAR VIEL SCHÖNES
BEREITHÄLT,

WENN ALLES IRGENDWIE
SCHON GUT IST,

OBWOHL ICH ES NICHT SELBST
KONTROLLIEREN KANN,

OBWOHL IN MEINEN AUGEN
NICHT ALLES PERFEKT LÄUFT?

Ein Weggefährte für dich

Von dem Abenteuer, das damals begann, handelt dieses Buch.

Ich möchte mein Herz und meine Geschichte mit dir teilen, in der Hoffnung, dass meine Ehrlichkeit dir Mut macht, auch mit deinem eigenen Herzen immer liebevoller umzugehen. Ich habe in meinem Leben so oft nach Rat gesucht und versucht, diesen umzusetzen. Doch ich hatte nicht gelernt, mich selbst wahrzunehmen und in der Weise auf die verschiedensten Informationen von außen zu reagieren, wie sie in meinem Inneren Widerhall finden. **Darum ist dieses Buch kein Ratgeber, der dir in klaren Schritten einen Weg vorgibt, den du gehen solltest. Es soll vielmehr ein Weggefährte sein hin zu dir selbst. Zu dem Rat und der Weisheit, die du in dir finden kannst, und zu deiner eigenen Herzensstimme.** Es ist ein Einblick in mein Herz, meine Gedanken und meine Erfahrungen, die dich ermutigen sollen, in dein eigenes Herz zu schauen.

Wir versuchen so schnell uns selbst, Gott und das Leben in Formen zu pressen, um sie für uns „verdaubar" oder „händelbar" zu machen. Lehren und Regeln helfen uns, unsere Orientierungslosigkeit zu ertragen. Doch wir sind nicht orientierungslos. Unser Herz hat eine Stimme, die verbunden ist mit der Quelle des Lebens, mit Gott selbst. Alles ist bereits in uns, was wir für unsere Reise brauchen.

Meine Herzensstimme hat mir mein ganzes Leben hindurch Hinweise geschenkt, doch es hat sehr lange gedauert, bis ich sie wahrnehmen konnte. Halte Ausschau nach deinen Hinweisen. Meine waren die Sehnsucht nach Annahme und Verbundenheit, meine Freude daran, Dinge aufzubauen und zu gestalten, und meine Liebe zur Musik. Dieses Buch bringt

alle diese Bereiche zusammen, und ich hoffe, dass du mein Herz schlagen hören kannst.

Was deine Herzensstimme dir zu sagen hat, ist eine ganz andere, doch genauso wundervolle Geschichte wie meine. Vielleicht wirst du sie mir eines Tages erzählen.

Das zweite Lied in diesem Buch heißt „Mauer". Als ich es vor vielen Jahren für eine Frau schrieb, deren Geschichte mich sehr bewegte, war ich davon überzeugt, dass um mein Herz keine Mauer sei. Ich hatte keine Ahnung. Das Geheimnis, was diese Blindheit mir selbst gegenüber gelöst hat, werde ich noch mit dir teilen. Es hat mit innerem Frieden zu tun. Doch hier erst einmal die Worte, die heute meine Worte geworden sind und die ich dir zusingen möchte.

MAUER

Um mein Herz ist eine Mauer,
gebaut in Zeiten der Trauer,
gebaut in Zeiten der Angst.
Hier drin fühle ich mich sicher,
große Steine, keine Löcher,
und was hart ist, geht nicht kaputt.

Eines Tages kam die Sehnsucht,
Liebe vertrieb die Furcht,
ich ahnte: Draußen ist mehr.
Und sie ließ mich nicht mehr bleiben,
führte mich in neue Weiten,
ich wusste: Alles wird gut.

**Komm, komm, komm mein Herz,
du kannst über alle Mauern springen.**

Und ich sprang über die Steine,
die Freiheit wurde meine,
ich betrat ein neues Land.
Heute fühle ich mich sicher,
Gottes Liebe hat keine Löcher.
Ich bin mutig, weil er mich liebt.

**Komm, komm, komm mein Herz,
du kannst über alle Mauern springen.**

Kapitel zwei

WIE KOMME ICH RAN AN MEIN HERZ?

VERSUCHE NICHT,
DICH ZU
ÜBERHOLEN,
DICH ZU
UMGEHEN,
DIR ETWAS
ABZUVERLANGEN,
WAS DU
NICHT BIST.

Dein Herz ist der größte Schatz, den du in deinem Leben finden kannst. Es zeigt dir den Weg hin zu dir selbst und zu dem Leben, das dich zutiefst erfüllt. Der erste Schritt auf diesem Weg ist der Mut, sich selbst wahrzunehmen und das eigene Leben unverblümt zu betrachten. Das war für mich nicht einfach. Deshalb möchte ich in diesem Kapitel erzählen, was mir geholfen hat und was mir heute noch hilft. Wie komm ich ran an mein Herz?

Wenn ich mit zwei Sätzen sagen müsste, was es braucht, um diesen Weg zu beschreiben, wären es diese: „Lerne, dich wahrzunehmen." Und: „Lass völlig neue Gedanken und Sichtweisen zu."

Ich glaube, dass sich hinter diesen beiden Sätzen noch viel mehr verbirgt, als wir jemals erahnen können. Es ist, als wenn sie eine Tür öffnen von einem kleinen Raum, den wir Leben nennen, hin zu einer ganzen Welt, welche tatsächlich das Leben ist. Bist du bereit?

Diese zwei mutigen Sätze können dich einladen zu einer Veränderung der Prioritäten, vom „einfach nur machen" zum Sein. Zu einem Leben verbunden mit deinem Herzen. Wir lieben das Gewohnte. Und so neigen wir dazu, Dinge zu tun, einfach weil wir sie schon immer so gemacht haben. Wir arbeiten, haben unsere Routinen, Beziehungen, unsere Art und Weise, mit dem Leben zurechtzukommen. Vieles geschieht mechanisch. Wir tun Dinge, um ein bestimmtes Ergebnis zu erzielen, das unsere gewohnten inneren Muster nährt. Das erinnert an das Leben in einem kleinen Zimmer, das wir uns einmal nach der gängigen Mode eingerichtet und dann bezogen haben. Hier bleiben wir und laufen im Kreis. Alles scheint vertraut, doch wir fühlen uns auch oft eingesperrt und fremdbestimmt. Ja, unser Leben besteht aus Tun, unser Sein möchte und muss sich in einem Tun zeigen. **Doch wir dürfen einen neuen Weg freilegen, einen Weg, der über unser Herz führt, damit unser Tun uns in das Leben führt, das uns zutiefst erfüllt, ein Leben, das eng verbunden mit unserem Herzen gelebt wird.**

Für diesen neuen Weg gibt es keine Anleitung, denn jeder Weg ist einzigartig. **Anleitungen gibt es immer nur für das Tun, nie für das Herz.** Etwas umzusetzen, was ein anderer erlebt hat, kann dich inspirieren, doch der Weg hin zu deinem Herzen ist dein ganz eigener. Es gibt jedoch eine Sache, die du tun kannst, ja sogar tun solltest: Sage „Ja, ich will" und wende dich damit innerlich schon ein erstes kleines Stück in eine neue Richtung. Ich wollte mir lange nicht begegnen. Ich hatte Angst, dass das, was ich finde, nicht genug ist. Gerade wenn du diesen Gedanken auch kennst, möchte ich dir Mut machen, „Ja, ich will" zu diesem Weg und damit zu dir selbst zu sagen.

Mir hat es damals geholfen, Menschen um mich zu haben, die bereits auf ihre Herzensstimme hören. Bis heute spüre ich diesen Menschen eine Freiheit und eine Lebensfreude ab, die mich magisch anzieht. **Mein Traum ist es, dass immer mehr von uns diesen Weg zum eigenen Herzen beschreiten, denn dadurch wird nicht nur unser persönliches Leben, sondern auch die ganze Welt ein so viel schönerer Ort.**

Suche nicht länger um dich herum, suche in dir
Der Weg zum Herzen ist sehr natürlich. Er beginnt mit dem Wahrnehmen. Was ist eigentlich schon da? Es kann sehr hilfreich sein, deine äußeren Rahmenbedingungen für diesen neuen Weg anzupassen. Doch es besteht die Gefahr, dass wir durch diese Optimierung für die Selbstfindung gleich wieder ins Tun kommen, anstatt erst einmal wahrzunehmen.

Diesen Weg habe ich zuvor jahrelang ausgetestet. Durch Routinen und feste Ruhestrukturen wollte ich mich an einen besseren inneren Ort bringen. Doch ich hatte keine Freude daran und bin immer wieder gescheitert. Oft habe ich mir Vorträge von Coaches angeschaut, die mir aufzeigen wollten, wie ich mit welchen Tricks und ausreichend Selbstdisziplin ein erfülltes Leben führen und den inneren Druck endlich hinter mir lassen könne. Doch all die Dinge, die ich tun sollte, haben meinen Druck erhöht. Ich konnte sie einfach nicht umsetzen, nicht ohne Verbundenheit zu meinem Herzen. **Wir können uns selbst nicht überholen. Erst kommt das Sein, dann das Tun.** Viele Menschen geben uns den Rat: „Streng dich doch einfach ein bisschen mehr an." Doch damit versuchen wir, vorbei an uns selbst, etwas zu leisten, was wir nicht, oder noch nicht, sind.

Das Herz möchte gesehen und angenommen werden, so wie es jetzt, in diesem Moment, ist. Nur so bekommen wir eine Verbundenheit zu uns selbst. Meine selbstauferlegten Regeln brachten mich nicht zu dem Ziel, nach dem ich mich so sehnte, nämlich angenommen zu sein. Da ich selbst ständig an meinen Regeln scheiterte und nicht die Kraft aufbringen konnte, mich an sie zu halten, fühlte ich mich immer mehr wie eine Versagerin. Und das brachte mich von meinem Wunsch nach Annahme und Verbundenheit immer weiter weg.

Wenn wir Annahme und Verbundenheit nicht in uns finden können, können wir sie niemals um uns herum finden. Und der Versuch, es doch zu schaffen, zieht uns in eine Spirale der Enttäuschung über uns selbst. Wenn ich meinen Körper hasse, wird es mir schwerfallen, eine Diät zu halten. Wenn ich meine Daseinsberechtigung über meine Leistung beziehe, werde ich kaum eine persönliche Grenze akzeptieren können. Wenn ich mich selbst nicht annehmen kann, wird es mir so gut wie unmöglich sein, meine Beziehungen zu genießen. Wenn ich innerlich leide, ist es schwierig, mich an all dem Schönen um mich herum zu erfreuen.

Es geht niemals darum, was du tust, es geht immer darum, wer du bist. Versuche nicht, dich zu überholen, dich zu umgehen, dir etwas abzuverlangen, was du nicht bist. **Heute kann der Tag sein, an dem du aufhörst, alles um dich herum zu jonglieren und dich dabei auszuklammern. Heute kann der Tag sein, an dem du anfängst, die Bälle mit deinem Inneren zu verbinden.** Was von deinem Herzen getragen wird, muss nicht mehr jongliert werden.

Alles darf sein – wir dürfen sein

Ich bezeichne das Herz gerne als einen Schatz, weil so viele Reichtümer in ihm verborgen sind. In ihm liegen Liebe, Frieden, Geborgenheit und Freiheit. Und das ist noch nicht alles, was du finden kannst. **Wenn du diesen Schatz entdeckt hast, hältst du etwas in Händen, das dir Kraft, Mut, Freude und Klarheit gibt, ein Leben zu gestalten, das dich erfüllen wird.** Es geht darum, einen Schatz wahrzunehmen, der schon da ist. Das Wort „wahrnehmen" ist wundervoll, denn es trägt eine Anleitung in sich selbst. Du kannst auf etwas Wahres zugreifen und es dir zu eigen machen. Doch wenn das, was wir in uns finden, nicht mit unseren erlernten Idealen vereinbar ist, dann brauchen wir eine andere „Wahrheit". Und so gestalten wir uns Gedankenkonstrukte, auf denen wir unser ganzes Leben aufbauen. Doch wie wollen wir etwas wahrhaft Schönes finden oder erschaffen, wenn wir unser Herz dabei ignorieren? Nach außen scheinen beide Wege zu funktionieren, doch das Ignorieren deines Herzens wird dich unruhig und gestresst zurücklassen. Ich möchte dir erzählen, wie meine Gefühle waren, als meine ersten Gedankenkonstrukte begannen einzustürzen.

Als mein Mann nach einigen Wochen aus der Schmerzklinik nach Hause kam, war ich nervös. Über mehr als zwei Jahre hatte sich fast jeder meiner Gedanken und jede Entscheidung in meinem Leben um seine Krankheit gedreht. Wie ich mich bei all dem gefühlt hatte, hatte für mich keine Rolle gespielt. Alles, was mich in diesen Jahren verletzt hatte, hatte ich damit entschuldigen können, dass es meinem Mann schlecht ging. Jede schwierige Situation hatte ich mir schönreden können mit dem Gedanken, dass wir mit der Gemeinde eine besonders wertvolle Aufgabe hatten. Doch die Zeit der Ruhe hatte mich nun auch das spüren lassen, was in mir vorging. Ich spürte Wut, ich spürte, wie allein ich mich in den letzten Monaten gefühlt hatte. Ich war sauer und verletzt.

Da war eine riesige Ansammlung von Gefühlen, die ich nie wollte. Und doch war zwischen den überwältigenden Gefühlen eine Ruhe zu spüren, die ich vorher nicht gekannt hatte. Ich war mir treu. Ich stand zu dem, was ich empfand, und nahm es ernst. Ich ignorierte mich nicht mehr. Es war eine ehrliche Begegnung mit mir selbst, verbunden mit einer großen Hoffnung. Trotzdem war auch die Wut da. Und jetzt stand mein Mann wieder vor mir. Was macht man in einer solchen Situation? Ich bin dankbar, dass unsere Ehe bis dahin schon viele Hürden gemeistert hatte. Wir wussten, dass wir zusammenstanden, komme, was wolle. Doch ich brauchte Abstand, Zeit für mich, und wir brauchten viele ehrliche Gespräche. Meinem Mann ging es nach dem Klinikaufenthalt gesundheitlich nicht besser. Er war ausgebrannt und hatte weiterhin viele Migräneattacken. Umso mehr brauchten wir beide einen Weg, mit dieser Herausforderung zurechtzukommen.

Während mein Mann versuchte, sich in der neu gewonnenen freien Zeit nach der Arbeit und mit zahlreichen Gartenprojekten neue Strukturen zu schaffen, blieb ich in mich gekehrt. Wir aßen zusammen, hatten schöne Momente im Alltag und lebten freundlich zusammen. Doch wir ließen uns gegenseitig Raum, waren uns bewusst, dass wir beide Zeit brauchten, um uns neu zurechtzufinden. In unserer neuen Lebenssituation und noch mehr in uns selbst. An diesem Punkt wussten wir beide, dass eine Beziehung nur so heil sein kann, wie die Menschen, die sie leben. Und wir beide mussten heilen. Es war ein holpriger Weg, und es dauerte, all das zu bearbeiten, was mein Inneres so lange nicht hatte spüren dürfen.

Noch wenige Wochen zuvor hätte ich mich für diese Gefühle geschämt, hätte nicht zugelassen, dass sie da sein dürfen. Man könnte von außen betrachtet meinen, unsere Ehe wäre vor diesem Wendepunkt besser gewesen als in den ersten Wochen nach der Klinikzeit. Doch so war es nicht. Unsere Ehrlichkeit und Wertschätzung dessen, was im Herzen des andern vorging, hat uns auf einer neuen Ebene verbunden –

von Herz zu Herz. Die Gefühle der Wut und der Verletztheit in mir hielten noch eine ganze Weile an. Was sich so lange angestaut hatte, brauchte Zeit, liebevolle Aufmerksamkeit und schöne, neue Erlebnisse. Heute, vier Jahre später, kann ich über diese schwere Zeit sprechen. Die Verletzungen, die unzähligen weggeschlossenen Gefühle, sie alle durften zu Wort kommen und sich mit der Zeit auflösen. An ihrer Stelle ist viel neuer Raum entstanden, den ich heute mit Leben füllen darf, erfülltem Leben. Gefühle wie Wut oder Einsamkeit kommen immer noch gelegentlich auf. Es sind normale Herzensregungen, die zum Leben dazugehören. Doch ich habe gelernt, wie ich ihnen und mir mit Freundlichkeit begegnen kann.

Gedanken als Wegweiser zu unseren Gefühlen

Doch wie können wir uns wahrnehmen und aus der Spirale des „einfach Machens" ausbrechen? Wie hätte ich damals meine angesammelten Gefühle der Wut schon früher wahrnehmen können?

Heute würde ich mir sagen, dass meine Gedanken der beste Anfangspunkt gewesen wären. Wenn wir anfangen, unsere Gedanken bewusst auf uns wirken zu lassen, anstatt einfach gleich in eine gewohnte Reaktion zu verfallen, merken wir, dass sie Wegweiser sind zu unseren wahren Gefühlen. **Hinter jedem Gedanken versteckt sich ein Gefühl, das den Gedanken überhaupt erst hervorlockt. Diese Gefühle sind alt, womöglich sogar sehr alt, und melden sich immer wieder, weil sie vielleicht noch nicht die nötige Aufmerksamkeit bekommen haben.**

Doch das Innehalten ist leichter gesagt, als getan. Wie schnell ist das Wort gesagt, der Wein geöffnet oder die Aufgabe erledigt. Das ist okay. Auf dem Weg zum eigenen Herzen geht es nicht mehr darum, dass alles super läuft.

Im Gegenteil, oft geht es erst mal darum, überhaupt anzuerkennen, dass etwas in uns nicht so ist, wie wir es uns gewünscht haben.

Wenn du nur schon merkst, dass sich da etwas in dir regt, und du beginnst, deine Aufmerksamkeit ein klein wenig darauf zu richten, dann ist das der Beginn von etwas ganz Großem, was still und leise im Kleinen beginnt.

Auch in den Krankheitsjahren meines Mannes habe ich Angst, Wut und Verletztheit gespürt. Doch ich war nicht bereit, diese Gefühle anzunehmen, überhaupt anzuschauen. Sie durften nicht da sein.

Letztendlich ist auch unser Denken ein Tun, das nach bestimmten Mustern funktioniert, einfach so, wie wir es gelernt haben. Begegnen wir einem ungelösten Problem oder einer Frage, die Unruhe in uns auslöst, versuchen wir, mit unserem Denken schnelle Antworten zu finden, die meist in irgendeiner äußerlichen Reaktion enden. Doch diese automatische Reaktion betäubt oft das tatsächliche Problem, die tatsächliche Frage, und sperrt uns wieder in unserem kleinen Zimmer ein.

Umarm die Fragen

Ich erinnere mich an den Beginn meiner Reise. Die in mir aufkommenden Fragen haben mich mit einer solchen Kraft umgetrieben, dass ich es kaum aushalten konnte. Doch zum ersten Mal war ich bereit, sie nicht mehr mit schnellen Antworten beiseitezuschieben. Das Annehmen dieser Fragen und das Ablassen davon, zwanghaft für jedes Problem in mir eine schnelle Lösung finden zu müssen, war anfangs schmerzhaft. Doch es geschah auch etwas Wunderschönes. Weitere Gedankenkonstrukte, die mir früher geholfen hatten, mich selbst wegzuschließen, fingen an einzustürzen. **Mit einem Mal kam so viel frische Luft zum Atmen und neue Kraft zum Leben in mich hinein.** Ich konnte zaghaft anfangen, mich stehen zu lassen, mit all meinen Fragen, Anspannungen, Gefühlen und Unperfektheiten.

Ich dachte lange, dass ich in meiner Position keine Unsicherheiten zeigen darf. Keine Unsicherheit haben darf. Egal ob es die Chefin in einer Werbeagentur war, die Pastorenfrau in einer Gemeinde oder die Mutter von zwei kleinen Kindern. Und selbst wenn ich noch weiter zurückgehe, auch das Mädchen in der Berufsschule wollte keine Unsicherheit zeigen, damit es nicht verletzt werden kann. Ich wollte strahlen, wollte meine Sache gut machen.

Doch inzwischen habe ich etwas Wundervolles gelernt: Ein ehrliches „Ich weiß es nicht" verbindet mich auf der tiefsten Ebene mit mir selbst und mit den Menschen um mich herum, einfach weil es zutiefst menschlich ist. Diese Verbundenheit bringt so viel mehr Ruhe und Sicherheit in mich und meine Beziehungen hinein. In dieser Wahrhaftigkeit müssen wir uns nicht mehr verstecken, müssen keine Angst mehr haben, „erwischt" zu werden. Wir alle haben Unsicherheiten, und wir alle wissen nicht auf jede Frage eine Antwort. Doch das war mir viele Jahre nicht klar.

In dem Streben danach, meine innere Unruhe aufzulösen, das, was ich außen lebte, endlich auch innen zu sein, hatte ich immer meine Vorbilder. Egal, ob es strahlende Coaches waren oder andere Pastorenfrauen, die scheinbar alle ihre Unsicherheiten hinter sich gelassen hatten. Doch heute, wo ich ehrlich zu mir bin, weiß ich, dass wir alle unsere Themen haben. Immer wieder, immer andere. Fragen gehören zum Leben dazu.

Zwischen Silberbesteck und einem zarten Blütenzweig fand ich vor zehn Jahren als Teil einer Tischdekoration den Ausschnitt eines Gedichtes auf meinem Teller. Diese Zeilen von Rainer Maria Rilke aus seinem Kunstwerk „Was mich bewegt" haben mich seit diesem Tag fasziniert und begleitet. Sie lockten die Sehnsucht in meinem Herzen nach friedvollem Vertrauen. Doch ich konnte sie nicht leben. Ich konnte die Fragen nicht aushalten. Ich musste immer aktiv sein, alle Probleme lösen – in meinem Leben und in meinen Gedanken. Aber seit dem Beginn meiner Reise zu mir selbst fällt es mir von Jahr zu Jahr leichter, etwas Ungelöstes in meinem Herzen auszuhalten. Wenn sich die Fragen in den ersten Monaten noch wie ein Sturm angefühlt haben, so genieße ich heute die Freiheit, nicht alles kontrollieren und beantworten zu müssen. Das ist für mich etwas ganz Wundervolles.

*Man muss Geduld haben,
gegen das Ungelöste im Herzen,
und versuchen, die Fragen selber
lieb zu haben,
wie verschlossene Stuben,
und wie Bücher, die in einer
sehr fremden Sprache
geschrieben sind.
Es handelt sich darum,
alles zu leben.
Wenn man die Fragen lebt,
lebt man vielleicht allmählich,
ohne es zu merken,
eines fremden Tages
in die Antwort hinein.*

Rainer Maria Rilke
aus seinem Gedicht „Was mich bewegt"

Der Weg zum Herzen ist eine Wahrnehmungsschule
Auf der Suche nach unserem Herzen ist es nicht mehr unsere erste Aufgabe, alle Fragen zu beantworten und Lösungen zu finden. Wir wollen die Fragen wahrnehmen und uns dabei fühlen, denn die Sprache unseres Herzens heißt Fühlen. Wir fühlen, was die Fragen in uns auslösen. **Gefühle sind keine Tatsachen. Sie sind Wegweiser.** Doch weil sie so eng mit unseren Gedanken verwoben sind, bedarf es einer aktiven Aufmerksamkeit, um sie wahrzunehmen. Kommt ein Gefühl auf, schießen unsere Gedanken augenblicklich dazwischen. Unser Kopf reagiert auf das Gefühl, ohne dass wir ihm erlaubt haben, zu sprechen, Wegweiser zu sein.

Vielleicht betrittst du einen Raum mit vielen Menschen und fühlst im selben Moment eine drückende Enge in dir. Dieses Gefühl der Enge holt zeitgleich Gedanken in dir hoch, die du schon zuvor mit dieser Empfindung verbunden hast. Wenn du an meine Geschichte denkst, könnte das ein Gedanken sein wie „Ich kenne hier niemanden. Keiner wird mich mögen. Ich will hier weg." Dein Kopf macht aus deinem Gefühl plötzlich eine „Tatsache". Doch was wäre, wenn dieses Gefühl etwas ganz anderes sagen möchte? Wenn die Enge einfach da sein dürfte, wenn sie weder gut noch schlecht wäre, sondern ein Signal aus deinem Herzen, das dir sagt: „Schau mich an. Ich wünsche mir deine Aufmerksamkeit. Ich halte etwas für dich bereit, was du noch nicht gesehen hast." Unsere Gefühle ermöglichen es uns, uns von den gewohnten Richtlinien unserer Leben zu lösen und zu schauen, was sich wirklich in uns regt. Je nachdem, wo du stehst, kann sich das für dich wie eine große Hürde anfühlen. Damit bist du nicht allein. Versuche, dieses Gefühl zu benennen. Ist es Überforderung? Oder Angst? Oder welches Wort passt zu dem, was du gerade empfindest? Egal was es ist, es gehört zu dir und möchte wahrgenommen werden.[1]

Jede neue Geschichte startet mit einem weißen Blatt. Es kann wie ein unerreichbares Ziel scheinen, mit dem Herzen verbunden zu sein. So hat es sich für mich angefühlt. **Doch dieses Gefühl anzunehmen und in dir zu bewegen, es nicht zu verurteilen oder wegzuschieben, das kann bereits die erste Zeile deiner Herzensgeschichte sein.**

Der Weg zum Herzen ist eine Wahrnehmungsschule. Doch wie kann ich mich wahrnehmen, wenn ich es so lange trainiert habe, zu funktionieren und meine innere Stimme zu ignorieren?

Beginne mit Freundlichkeit. **Sei freundlich zu dir, so wie du deiner besten Freundin begegnen würdest, wäre sie in deiner Situation.** Es ist erstaunlich, wie zart das Herz auf Mitgefühl und Liebe reagiert. Sag dir selbst, dass du jetzt, genau dort, wo du gerade bist, richtig bist, und dass ein wundervoller Weg auf dich wartet.

Die Fragen, die ich mit der Zeit wahrnehmen konnte, waren sehr spezifisch, genauso wie es deine sein werden. Doch ich habe gemerkt, dass ich all die aufkommenden Themen in zwei Kategorien einteilen konnte. Zum einen die Fragen, die ans Licht brachten, was ich alles in meinem Leben hatte, das eigentlich nicht zu meinem Wesen passte. Das kann die Art sein, wie ich meine Tage gestalte, die Weise, wie ich den Menschen in meinem Umfeld begegne, die Dinge, die ich mir und anderen immer wieder sage. Vielleicht spüre ich auch, dass ich innerlich eigentlich ganz vielem widerspreche, was ich immer für wahr gehalten habe. Es klingt so groß, aber vielleicht sind es nur einige wenige Dinge, die sich bei dir eingeschlichen haben.

Die zweite Kategorie befasste sich mit dem, was ich liebe. Was bringt dich zum Strahlen? Was hilft dir, morgens aus dem Bett zu kommen? Wofür lohnt es sich zu leben? Auch dort wirst du viele Hinweise finden, die dich auf die richtige Fährte bringen werden.

Ballast loswerden
Wie findest du heraus, was in deinem Leben nicht zu dir passt? Vielleicht hilft dir dieser Gedanke: An welcher Stelle in deinem Leben fühlst du dich nicht gut genug? Womöglich vergleichst du dich mit einem Bild, dem du nicht entsprechen kannst. Dein Herz zu finden, bedeutet auch, ihm zuzugestehen, dass es so leben darf, wie es ist.

Möchtest du eine andere Heldin sein, eine, die du nicht bist? Das kann ich verstehen. Das ist nur natürlich. Was du siehst und bewunderst, möchtest du selbst auch sein. Doch die wahre Heldin, die tief in dir verborgen ist, möchte aufblühen. Sie kann nicht nachgeahmt werden, denn sie war noch nie da. Egal, wie sehr du dich anstrengst, deine Bemühungen werden nie an das Wunder herankommen, das dein wahres Ich sein möchte. Wenn du dich in einer Situation dumm, irritiert oder unpassend fühlst, kann es sein, dass du am falschen Platz bist oder Prinzipien abgespeichert hast, die einfach nicht deiner inneren Wahrheit entsprechen. Deine Intuition sagt dir: „Hier stimmt was nicht." So könnte ein erster Schritt der Selbstwahrnehmung und der Selbstannahme aussehen: Wir sehen, was wir nicht sind, sondern gerne wären, weil wir es so gelernt haben.

Wahrzunehmen und anzunehmen, dass ich meinen eigenen Standard nicht erfüllen konnte, und eigentlich von Herzen nicht erfüllen wollte, war für mich ein erster Schritt in die Freiheit. Mein Leidensdruck war damals so hoch, dass mich die Selbsterkenntnis einfach nur erlöst hat. Doch ich weiß, wie sehr mich die gleichen Fragen jahrelang geängstigt haben. Bin ich noch liebenswert, wenn ich meine eigenen Erwartungen oder die der Menschen um mich herum nicht erfülle? Bricht mein Leben zusammen, wenn ich auf das reagiere, was ich in mir spüre?

Wenn du diese Angst auch empfindest, kann ich mit dir fühlen. Doch ich möchte dir auch Mut machen. Auf der anderen Seite der Angst wartet ein Wunder auf dich, das es wert ist, sie zu durchleben. Dieses Wunder bist du selbst.

Und was auch gut zu wissen ist: Die Dinge passieren erst einmal nur in dir. Keiner wird es sehen, und nur du entscheidest, was davon wann nach außen geht. Bedenke, alles ist schon in dir. Wenn du dir erlaubst, dich selbst anzuschauen, wie du wirklich bist, löst sich die Selbstverleugnung in dir auf, die aufrechtzuerhalten dich so unendlich viel Kraft kostet.

DEIN HERZ ZU
FINDEN,
BEDEUTET AUCH,
IHM ZUZUGESTEHEN,
DASS ES SO
LEBEN DARF,
WIE ES IST.

Goldstaub-Spuren auf unserem Lebensweg
Die zweite Kategorie an Fragen, die ich mir stellte und nun auch dir stellen möchte, beschäftigt sich mit dem, was wirklich zu dir passt. **Zugang zu unserem wundervollen Leben finden wir, wenn wir nach vergangenen Glücksmomenten suchen, die wie Goldstaub auf unserem Lebensweg als Hinweise liegengeblieben sind.** Oft scheinen uns diese Dinge zu klein, zu unwichtig. Doch das Leben besteht aus Kleinem. Sekunden sind so schnell vorbei, und doch besteht alle Zeit der Welt aus ihnen. Wenn wir diese kleinen Glücksmomente wertschätzen und wichtig nehmen, dann kann aus ihnen heraus ein Leben entstehen, das unsere eigenen kühnsten Träume übersteigt.

Frage dich, wie dein perfekter Tag aussähe. Was würde dich morgens aus dem Bett locken? An diesem Buch zu schreiben, macht mich gerade so glücklich, dass ich jeden Morgen um 5 Uhr aufstehe, um Zeit und Ruhe zum Schreiben zu finden. Und ich sage dir: Aufstehen ist für mich das Schlimmste am Tag. Wofür würdest du deine Zeit verwenden, wenn du völlig freie Wahl hättest? Wovon machst du die meisten Fotos oder was gibt dir am meisten Kraft? Welche Dinge oder Momente haben dich im letzten Monat am meisten glücklich gemacht? Suche in deiner Geschichte nach kleinen Momenten. Suche nicht nur Großes, denn vielleicht hast du deinen Lebensträumen noch nicht viel Raum zum Wachsen gegeben.

An diesem Punkt geht es nicht darum, große Pläne zu schmieden. Es geht nicht um Bewertung, um Leistung oder um Können. Es geht um dein Herz. Du möchtest einfach nur herausfinden, was du eigentlich wirklich gerne tust oder gerne tun würdest, wenn du es könntest.

Was ich dann finde, kann ich vielleicht noch nicht tun, weil ich mich nicht danach ausgestreckt habe. Meine Fähigkeiten sollen mich also nicht einschränken. Sonst halte ich mich selbst in einer Form gefangen, die ich über die Jahre etabliert habe.

Was wünschst du dir von tiefstem Herzen für dein Leben, wenn es keine Begrenzungen gäbe? Was hast du als Kind gerne getan? Bei welcher Tätigkeit fühlst du dich lebendig und glücklich? Glücksmomente sind wundervolle Hinweisgeber auf dem Weg zu unserem Herzen. Strecke dich nach ihnen aus, suche sie in deinem Alltag. Damit bist du auf einer sehr guten Fährte.

DER SCHWAN UND DAS HERZ

Das Schwanenbild zu diesem Kapitel ist an einem kalten Wintertag entstanden. Am frühen Morgen spazierte ich mit meinem Mann am Fluss hinter unserem Haus entlang, als ein Schwan sich aus dem klaren Himmel in die eisigen Fluten niederließ. Mein ganzer Körper war ohnehin schon durchgefroren, doch dieser Anblick ließ mich erzittern. Spaßig sagte ich zu meinem Mann: „Stell dir vor, wir müssten uns jetzt in dieses Wasser stürzen." Er schwieg eine Weile und sagte dann: „Es ist die Natur des Schwans. Wir sollen genauso unsere Natur leben, doch bei uns Menschen ist das komplizierter."

Diese Begebenheit begleitet mich seitdem. Wir würden niemals auf die Idee kommen, einen Schwan in einem Hasengehege einzusperren. Und doch versuchen wir Menschen, uns in eine bestimmte Form zu pressen, vergleichen uns wie einen Fisch mit einem Vogel, anstelle uns selbst zu vertrauen, der Weise, in der wir wundervoll geschaffen sind. Jeder Mensch ist einzigartig, nicht zu vergleichen mit einem anderen.

*Jeder ist
ein Genie.
Aber wenn du
einen Fisch
danach bewertest,
ob er auf einen
Baum klettern kann,
dann lebt er
sein ganzes Leben
in dem Glauben,
er wäre dumm.*

Albert Einstein

Zwei mutmachende Gefährten – Worte der Selbstliebe
Zwei mutmachende Gedanken sind mir in meinem inneren Prozess hin zu mir bis heute sehr präsent. Sie sind wie gute Gefährten, die mich auf dem Weg zu meinem Herzen und in meinem Herzen treu begleiten und stärken. Der erste lautet:

„Sei gut zu dir. Verurteile dich nicht."

Unsere antrainierten Gedanken verurteilen uns ständig. Für mich hat sich diese Verurteilung angefühlt wie eine Trennung von mir selbst, als wäre mein Herz mit all seinen Gefühlen ein Objekt, dass ich irgendwie loswerden oder verändern muss. Wir wollen funktionieren und sind deshalb oft so hart zu uns. Freundlichkeit uns selbst gegenüber verbindet uns wieder mit unserem Inneren. Manchmal können wir uns selbst nicht verstehen, sind irritiert über unsere Empfindungen oder würden uns am liebsten selbst einen Arm ausreißen. Aber wahrscheinlich wäre es viel hilfreicher, uns stattdessen einfach in den Arm zu nehmen. Erst durch die Verbindung mit uns selbst können wir erspüren, was wirklich in uns los ist. Wenn wir unserem Gefühl auf den Grund gehen, und auch, wenn wir an den Grund manchmal gar nicht herankommen, ein „Alles ist gut. Wir sind auf dem Weg." ist immer eine Umarmung für unser Herz.

Der zweite Gedanke, der mir ein mutmachender Gefährte geworden ist, erinnert mich immer wieder:

„Du bist genug und brauchst nichts zu leisten."

Allein deine Existenz, die Tatsache, dass du da bist, macht dich schon unendlich wertvoll. Wenn wir uns auf die Reise zu uns selbst machen, dann dürfen wir uns einfach an unserem Sein erfreuen. Nimm dich wahr und lass dein Herz durch Gefühle auf deine Fragen und dein Sein reagieren, ohne dass es etwas Bestimmtes hervorbringen muss. Und wenn ein Herzensimpuls kommt, dann antworte deinem Herzen mit einer Tat, die dir Freude bereitet. Geh nach draußen, wenn es dich zieht. Nimm dir einen Pinsel zur Hand oder lies etwas zu einem Thema, über das du schon immer mehr wissen wolltest. Oder vielleicht sehnst du dich einfach nur nach Schlaf?

Vielleicht denkst du jetzt: „Schön und gut, aber dazu lässt mein Alltag einfach keinen Raum." Dieser Herausforderung werden wir uns in Kapitel fünf nochmal zuwenden. Tue kleine Dinge, zu denen es dich hinzieht, und das, ohne große Pläne zu schmieden. Versuche zu sein, nicht zu leisten, und genieße den Moment. Du bist da. Du bist wichtig. Und du darfst Dinge tun, die dich glücklich machen, die dein Herz erwecken.

Es klingt fast komisch zu schreiben: „Du darfst Dinge tun, die dich glücklich machen." Natürlich darfst du das! Doch ich weiß von mir selbst, wie lange ich ein schlechtes Gewissen hatte, wenn ich mir Zeit für mich selbst nahm, nichts „leistete". Dieses Phänomen war so stark ausgeprägt, dass ich irgendwann sogar ein schlechtes Gewissen hatte, wenn ich putzte. Ich liebe mein Zuhause und es macht mich glücklich, Schubladen auszuwischen und Blumen auf den Tisch zu stellen. Doch weil ich dieses Glück innerlich als „Luxus" eingeordnet hatte, meldete sich das schlechte Gewissen manchmal sogar bei den einfachsten Alltagsaufgaben.

Wenn es dir ähnlich geht und du das Gefühl hast, dass du nicht gut zu dir sein darfst, dann bitte ich dich, es dennoch zu sein. Gerade wenn du so empfindest, brauchst du dich am meisten. Beginne mit kleinen Momenten der Selbstliebe, was auch immer das für dich bedeutet.

Heute, einige Jahre später, nehme ich mir Zeit für mein Zuhause und auch für andere Dinge, die mir etwas bedeuten. Wofür möchtest du dir Zeit nehmen?

Doch ich möchte dich um noch etwas bitten. **Beeil dich nicht. Ein Herz, das lange geschwiegen hat, ist sehr zaghaft.** Was eine gute Beziehung braucht, ist Zeit. Auch die Beziehung mit dir braucht Zeit. Und, so wie im echten Leben, sind tausend kleine Alltagsbegegnungen oft viel wertvoller als drei Wochenendausflüge. Suche dich im Alltag. Sprich mit dir. Frag dich, wie es dir geht oder was dir gerade in diesem Moment wirklich guttun würde. Ist das nicht ein wunderschöner Gedanke, dass immer jemand um dich ist, der es gut mit dir meint? Diese Person kannst du selbst sein.

Zwei Dinge, mit denen du dich sabotierst

Dein tiefstes Wesen, der Mensch, als der du gemacht bist, möchte aufblühen und sich in seiner ganzen Schönheit zeigen. Auf diesem Weg hin zu dir findest du all die Gedanken und Muster, die dich bisher durchs Leben getragen haben. Sie haben dir dein mehr oder weniger „funktionierendes Leben" geschenkt. Einige von diesen Mustern sind gut und sollen bleiben, andere stehen dir auf dem Weg zu dir selbst im

> Sei gut zu dir.
> Verurteile dich nicht.

Weg. Egal, ob die bisherigen Gedanken und Muster in deinem „funktionierenden Leben" dir wirklich dienen oder dein Herz verdrängen, sie wollen auf jeden Fall alle bleiben, wie sie sind. Das liegt in der Natur der Sache. Unser Gehirn ist faul. Du kennst bestimmt auch einen dieser Momente, in denen du das Haus verlässt und nicht mehr weißt, ob du die Tür wirklich geschlossen hast oder ob der Herd wirklich aus ist. Am liebsten laufen wir auf Autopilot und setzen unsere wertvolle Energie nur da ein, wo es wirklich nötig ist. Dazu kommt vielleicht auch die unterbewusste oder auch bewusste Angst vor dem, was passiert, wenn wir etwas Altes verlassen, was uns lange ein scheinbar sicherer Rahmen war.

Egal, was unsere Beweggründe sind, es gibt eine Kraft in uns, die gewohnte Strukturen und Gedanken auf keinen Fall verlassen möchte. Doch wer beginnt, auf die innere Herzensstimme zu hören, sein Leben nach ihr zu gestalten, muss völlig neue Gedanken zulassen. Immer wieder. Das löst zu Beginn einen inneren Widerstand aus, so habe ich es jedenfalls empfunden. Doch diese neue Art zu denken trainieren wir, wenn wir mit ihr beginnen. Du erinnerst dich an all die Fragen, die mich am Anfang mit solcher Wucht getroffen haben? Die Fragen haben nur so lange diesen krassen inneren Kampf in mir ausgelöst, solange ich sie unbedingt und schnell lösen und einordnen musste, solange ich die neuen Gefühle schnellstmöglich beruhigen wollte. **Sich bewusst darauf einzulassen, dass sich etwas Neues**

> Du bist genug und brauchst nichts zu leisten.

erstmal komisch anfühlen darf, dass man sich vielleicht erstmal nicht mehr „richtig" fühlt, hilft sehr.

Gerade zu Beginn kann sich das Hinwenden zu Neuem für dein „funktionierendes Leben" als ein unangenehmes Erlebnis anfühlen. Es möchte nicht gestört oder gar in vermeintliche Gefahr gebracht werden. Also arbeitet es fleißig daran, dich in seinen gewohnten Bahnen zu halten. Man könnte letztlich sagen, dass du dich selbst sabotierst, wenn du dich nicht auf Neues einlässt. Manchmal ist es jedoch schwer zu unterscheiden, ob sich etwas unangenehm anfühlt, weil es nicht zu uns passt, oder ob sich etwas unangenehm anfühlt, weil sich unser „funktionierendes Leben" gestört fühlt. Mit der Zeit wird es leichter, diese beiden so ähnlichen Gefühle im Alltag zu unterscheiden. Um dein Empfinden zu sensibilisieren kann dir die Übung „Trost & Trostlosigkeit" sehr helfen, die ich dir im letzten Kapitel vorstelle.

Im letzten Abschnitt habe ich über zwei gute Gefährten geredet, Gedanken, die unser Inneres in eine herzensorientierte Haltung bringen können. Doch es gibt auch zwei kleine Saboteure, die sich immer wieder dafür einsetzen, dass alles so bleibt, wie es ist, die dich davon abhalten, für dich und das, was dir wichtig ist, loszugehen. Sie heißen Bequemlichkeit und Geschäftigkeit. Wenn du auf sie achtest, fällt es dir leichter, die Selbstsabotage zu durchschauen.

Der Geschäftigkeits-Saboteur –
finde Zeit für das Wichtigste

Die Geschäftigkeit sagt dir: „Du hast keine Zeit für dich." Sie beschäftigt dich ununterbrochen mit Dingen, um dich von dem abzuhalten, was für dich wirklich zählt. Wie oft hast du schon die Spülmaschine ausgeräumt, um dich unbewusst vor dem Telefonat zu drücken, das du eigentlich unbedingt führen wolltest? Wie oft hast du schon weiter deine Aufgaben abgearbeitet, ohne dir eine kleine Pause, vielleicht eine frische Tasse Tee, zu gönnen? Das sind nur zwei kleine Beispiele. Unter Umständen hast du dein ganzes Leben mit so vielen vermeintlich dringenden Aufgaben gefüllt, dass am Ende des Tages keine Kraft mehr übrig ist, um Zeit mit dir und für dich zu verbringen. So war es bei mir. Fast alles, was ich getan habe, habe ich geliebt. Doch ein großer Fehler, den wir machen können, ist, uns immer nur mit dem Zweitwichtigsten zu beschäftigen. Nimm dich wichtiger als all deine Aufgaben.

Der Bequemlichkeits-Saboteur – was brauchst du wirklich?
Die zweite Taktik, die unser „funktionierendes Leben" anwenden möchte, um nicht gestört zu werden, ist die Bequemlichkeit. Das große Bedürfnis nach dem Ausruhen kann daher kommen, dass wir uns dauerhaft an uns vorbei beschäftigen und dann sagen: „Ich will jetzt nicht mehr. Lass mir meine Ruhe!" Egal ob es deine Arbeit ist, die Langeweile oder die innere Spannung, die dich quält: Wenn wir tiefe Unzufriedenheit in uns erleben, dann sehnen wir uns nach Ausgleich. Und anstatt im Herzen zu suchen und uns neu auszurichten, greifen wir zur schnellen Lösung. Fernsehen, stundenlanges Social-Media-Scrollen, in den Nachrichten versinken, eine Flasche Wein öffnen, Essen … keines dieser Beispiele ist mir fremd, ich habe mich mit ihnen allen getröstet. Noch heute bin ich immer wieder unaufmerksam und reagiere mit alten Impulsen, die nicht aus meinem Herzen kommen. Die Schule der Wahrnehmung ist eine lebenslange Schule.

Genüsslich eine Flasche Wein zu öffnen oder ein entspannter Fernsehabend sind für mich etwas sehr Bereicherndes. Wenn ich jedoch versuche, mein Leben damit zu füllen, um mich zu trösten und glücklich zu sein, dann werde ich nur schwer von der Stelle kommen.

Doch was kannst du tun, wenn du dich erschöpft fühlst von deinem eigenen Leben? Wenn du einfach nur eine Weile fliehen willst, deine Ruhe haben willst? Vielleicht bist du wirklich körperlich erschöpft und müde, musst einfach schlafen. Aber vielleicht fühlst du auch eine Lebenserschöpfung, so wie ich es oft erlebt habe. Dieses „Ich will jetzt einfach nicht mehr. Lasst mich alle in Ruhe!" Bei dieser Art von Müdigkeit bist du erschöpft von dem, was das eigene Leben tagein und tagaus fordert. Diese Erschöpfung wünscht sich eine Begegnung mit dem echten Leben, das nur aus dem Herzen kommen kann. Suche deine Nähe, indem du dich fragst, was du wirklich brauchst in diesem Moment. Allein diese Frage kann dir schon sehr guttun. Du wirst mit der Zeit lernen, auf deine innere Stimme zu hören, und schon vor der absoluten Erschöpfung mit dir zu sprechen. Im letzten Kapitel findest du zwei Übungen, die mir immer wieder geholfen haben und auch heute noch helfen, meinem Herz zu begegnen. Besonders die erste Übung hat in meiner Geschichte eine ganz zentrale Rolle gespielt. Doch davon werde ich später noch erzählen.

Umbrüche und Krisen
Als wir damals die Gemeinde schlossen und mein Mann in die Schmerzklinik kam, war das ein großer Umbruch in meinem Leben, der unheimlich viel inneren Raum freigesetzt hat.

Vielleicht hast du auch etwas verloren, was dir sehr wichtig ist, vielleicht ist dein Lebensweg plötzlich anders verlaufen, als du es dir gewünscht hast. Diese Krisen sind ein guter Zeitpunkt, sich auf den Weg zu Neuem zu machen. Wenn Altes auseinanderbricht, entsteht Raum für Neues. Wenn du gerade durch schwere Zeiten gehst, kann dir dieser Gedanke vielleicht Mut machen. Wenn etwas Altes geht, entsteht Raum. Ich weiß, für diese Sichtweise braucht es Vertrauen. Doch schon ein kleiner Funken Vertrauen und Hoffnung kann ein neues Licht auf unsere Situation werfen. Wenn du an einem Punkt stehst, an dem du in eine neue Richtung gehen kannst, vielleicht sogar gehen musst, dann tu den nächsten Schritt. Diese Situationen können ein Geschenk des Himmels sein, auch wenn sie sich vielleicht erst einmal nicht so anfühlen. **Doch egal, wie dein Leben gerade aussieht, es ist immer, genau jetzt, der richtige Moment, dich selbst zu umarmen und auf deine Herzensstimme zu hören.** Dein Leben ist am Ende die Summe jedes kleinen Augenblicks. Fange an, diese wie wertvolle Schätze wahrzunehmen und zu gestalten, in die Richtung zu gehen, die zu dem passt, was dein Herz sagt.

FRAGEN

Auf der Reise des nicht wirklich viel Fragens,
auf den Wegen des scheinbar Antworten Habens,
von Wundern irritiert, von Wissen fasziniert,
geh ich zielorientiert im Kreis.

Vieles hab ich gehört in den Jahren,
vieles gespeichert, wenig erfahren.
Ideal ist mein Bild, Antwort schützt wie ein Schild
vor den Fragen, die wild fliegen.

**Wenn dich etwas wundert,
dann schau nochmal hin,
wenn dich etwas wundert.**

**Umarm die Fragen, umarm die Fragen,
umarm die Fragen.**

Meine Reise geht weiter, hab vieles gesehen,
schwarz oder weiß, immer leicht zu verstehen.
Plötzlich kommt Sonnenlicht, nimmt mir kurz meine Sicht
und die Welt, sie ist nicht mehr dieselbe.

Wie ein Märchenland mit so vielen Türen,
die mich mit ihrem Geheimnis verführen,
eine Lichtung davor sagt mir leise ins Ohr:
Komm verweile in meiner Weite.

**Wenn dich etwas wundert,
dann schau nochmal hin,
wenn dich etwas wundert.**

**Umarm die Fragen, sieh neue Farben,
sieh neue Farben.**

Kapitel drei

DEINE GRÖSSTE
LIEBESGESCHICHTE

JE GENAUER
WIR HINSEHEN,
UMSO MEHR WUNDER
KÖNNEN WIR
IN UNSEREM LEBEN
ENTDECKEN.

Sehnst du dich auch danach, dass immer jemand bei dir ist, der es gut mit dir meint? Dieser Mensch kannst du dir selbst werden!

Das Wissen darum, dass ich immer für mich da sein kann, dass ich nie allein bin, hat mein Leben entspannt und entschleunigt. Ich bin bedingungslos für mich da, auch wenn es im Alltag immer wieder Momente gibt, in denen ich in meine alten Muster rutsche. Früher war es mein Bestreben, zu funktionieren. Und wenn ich das nicht leisten konnte, dann habe ich mich selbst verurteilt. Ich erinnere mich an viele Momente, in denen ist verzweifelt in den Spiegel gebrüllt habe: „Du Monster! Du Monster!" Das kam zum Beispiel vor, wenn ich mich mit meinem Mann gestritten hatte oder unfair zu den Kindern war. Ich erwartete Unmögliches von mir, und das unter extremen Bedingungen. Die Tatsache, dass ich den Titel „Pastorenfrau" trug, verstärkte meine Erwartungen an mich noch mehr. Schließlich dachte ich ja, ich „arbeite für Gott", da musste ich doch erst recht funktionieren. Heute nehme ich mich in Gedanken selbst in den Arm, wenn ich daran zurückdenke, und sehe mich noch immer weinen. Diese Zeiten waren so schmerzhaft.

Wenn wir denken, wir genügen nicht, dann glauben wir, wir müssten eigentlich besser sein, als wir sind. Doch wenn wir uns nicht annehmen, wie wir gerade sind, fügen wir uns selbst so viel Leid zu. Dieses Leid besteht nicht nur darin, dass wir ständig unter Optimierungsdruck stehen. Mit dem Druck, den wir auf uns selbst ausüben, stören wir gleichzeitig die Verbindung zu unserem Herzen. Warum ist das so?

Wenn wir negative Gefühle und innere Regungen, die uns irritieren, einfach ignorieren oder wegdrücken, weil wir glauben, wir wären mit ihnen nicht gut genug, dann versperren wir den Weg für sie. Genauer gesagt versperren wir den Weg zu unserem Herzen, damit die ungewünschten Gefühle nicht rauskommen können, keinen Raum einnehmen können. Je öfter wir das tun, desto weniger haben wir Zugang zu uns selbst. Wir entkoppeln uns von unserem Kern und verlieren die größte Liebesquelle, die uns zur Verfügung steht. Unser Herz ist die Quelle aller Liebe, Gott selbst hat seine Liebe in unsere Herzen ausgegossen, von Anfang an.

Doch wie finden wir Zugang zu dieser Liebe, zu dieser Liebesbeziehung, die uns durch dick und dünn trägt?

Wenn wir nach Menschen Ausschau halten, mit denen wir unser Leben verbringen möchten, einem Partner, einem Freund, dann fallen uns als Erstes all die schönen Seiten dieser Person ins Auge. Das strahlende Lächeln oder der belebende Humor. Erst mit der Zeit bemerken wir die Bereiche, in denen unser Gegenüber noch wachsen darf. Doch nachdem wir all die schönen Dinge gemeinsam erlebt haben, wissen wir, dass wir diesen Menschen um uns haben möchten, mit allen Ecken und Kanten. Wir sehen über vieles hinweg, einfach weil wir lieben, weil wir den ganzen Menschen lieben.

Doch bei uns selbst sind wir oft so fixiert auf das, was nicht gut läuft, dass wir den Blick für das Schöne verlieren. Wie lange kennst du dich schon? Es ist eine alte, wahrscheinlich eingefahrene Beziehung, wenn du den bewussten Weg hin zu dir noch nicht gegangen bist. Doch jede noch so vernachlässigte Beziehung kann wieder lebendig werden. Was mir dabei geholfen hat, möchte ich nun mit dir teilen.

Wie frischt man eine verrostete Liebe auf?
Dankbarkeit, den Blick auf das zu richten, was schon gut ist, ist ein wundervoller erster Schritt für die Auffrischung einer alten, verstaubten Liebe zum eigenen Leben. Für mich waren damals die ersten Dinge, für die ich dankbar war, meine Kinder und mein Zuhause, der Weg am Fluss, den ich so gerne laufe, und die Ruhe, die ich plötzlich erleben durfte.

Zu sagen **„Alles ist okay, so wie es ist, und von hier aus gehe ich weiter"**, ist der einzige Weg, um bei uns selbst anzukommen. Ja, Unzufriedenheit ist der Motor dafür, dass wir Dinge ändern möchten. Doch wenn wir keine Basis, keine feste Beziehung zu uns selbst haben, dann arbeitet dieser Unzufriedenheitsmotor gegen uns und zerreißt von Tag zu Tag die Verbindung zu unserem Herzen. Wie ein Baum brauchen wir die Wurzeln, um zu wachsen, um unseren Raum einzunehmen, um unsere Liebesbeziehung zu uns selbst und dem Leben um uns herum zu genießen. Unser Herz ist die Wurzel, die uns Lebenssaft und Lebenskraft gibt.

In jedem Bereich ist der Weg zu unserem Herzen eine Wahrnehmungsschule. Auch wenn es darum geht, das Gute sehen zu lernen, das in jedem Moment schon da ist. Ich habe Menschen getroffen, die nicht einen Punkt nennen konnten, für den sie dankbar waren, und auch ich habe Zeiten erlebt, in denen mir Dankbarkeit schwerfiel. Unser inneres Chaos kann so groß sein, dass wir blind werden. Wenn du dich so fühlst, dann lass den Kopf nicht hängen. Die Dinge, über die wir uns freuen können, scheinen sich manchmal zu verstecken. Doch sie sind an vielen Orten zu finden. Sie warten auf dich. Wie du deine Wahrnehmung für das Schöne wieder erwecken kannst, ist zum Beispiel bei einem Spaziergang. Versuche einmal, ganz langsam zu laufen. Spüre deinen Körper, wie deine Füße den Boden berühren, abrollen. Du kannst bewusst Dankbarkeit darüber empfinden, dass deine Füße dich tragen. Und vielleicht entdeckst du um dich herum ein besonderes Blatt, einen Ast, eine Blüte. Nimm dir Zeit, ein Detail der Natur ganz genau anzuschauen. **Wir können nur in dem Maße Glück und Schönheit erleben, wie wir uns selbst und unserem Umfeld Aufmerksamkeit schenken. Je genauer wir hinsehen, umso mehr Wunder können wir in unserem Leben entdecken.**

Für Tage, an denen es mir schwerfällt, das Gute zu sehen, habe ich eine Liste angefertigt, die mir dabei hilft, meine Blickrichtung zu wenden. Auf ihr stehen fünfundzwanzig Dinge, die in meinem Leben gut sind. Diese Liste ist für mich eine Erinnerung an mein wundervolles Leben, wenn mich negative Gedanken aus ihm herausziehen wollen. Sie wirkt wie eine Aspirin bei Kopfschmerzen. Auf ihr stehen sehr große und sehr kleine Dinge wie zum Beispiel: „Ich wohne gleich an der Nidda und kann dort spazieren gehen." Oder: „Ich liebe meine Gitarre."

Wenn du dir etwas Gutes tun möchtest, dann nimm dir ein Blatt Papier und einen Stift und beginne deine persönliche Liste mit all den Dingen, die in deinem Leben schon gut sind. Vielleicht schreibst du heute nur ein oder zwei Punkte auf, vielleicht fallen dir aber auch fünfundzwanzig ein.

Ich freue mich mit dir über jeden Punkt auf deiner Liste. Diese Schätze gehören zu deinem Leben und möchten genossen werden. Schenke ihnen Aufmerksamkeit. Denn eine gute Beziehung lebt von unzähligen kleinen Momenten, die man gemeinsam in Verbundenheit erlebt hat.

Sieh dich mit neuen Augen
Dankbarkeit kannst du auch im Blick auf dich selbst lernen.

Vieles in dir fühlt sich für dich normal an, oder? Du hast es schon tausend Mal erlebt, gefühlt, gesehen. Vielleicht scheint dir keine deiner Begabungen besonders und dein Wissen nie genug. Du kennst jeden schwierigen Moment in deinem Leben, jeden lieblosen Gedanken, jede verpatzte Situation und du weißt sehr genau, was du alles nicht kannst. Es gibt nichts, was dir entgeht. Ganz anders ist es bei deinen Mitmenschen. Für deine verzweifelte Freundin bringst du das größte Mitgefühl auf, denn du siehst die Situation und ihre Emotionen einfach, wie sie in diesem Moment sind. Bei dir selbst kommt gleich die ganze Lebensgeschichte hoch, du sagst vielleicht schnell: „Stell dich nicht so an!" oder: „Da bist du selbst schuld!" und das innere Chaos beginnt. Doch du kannst deine Perspektive verändern. **Beginne, dich von außen zu betrachten, so wie einen Menschen, den du kennst und den du sehr liebst.** Ich gehe heute immer noch vor den Spiegel, doch anstatt mich anzuschreien, lächele ich mich an. Manchmal betrachte ich meine ersten Fältchen und freue mich an der Lebensweisheit, die ich bis heute sammeln durfte. Der Spiegel ist mein Freund geworden. Ich spreche dort oft mit mir, spreche mir Mut zu. Ich bin mir eine gute Freundin geworden. Ich bin für mich da und ich lasse mich nicht im Stich.

Es gibt noch einen weiteren Grund, warum ein gelegentlicher Blick in den Spiegel oder auch das Blättern durch alte und aktuelle Fotos sehr hilfreich sein kann. Es ist einfacher, mit jemandem eine Beziehung zu pflegen, den man sehen kann. Triffst du einen Freund, dann sitzt er genau vor dir. Das Gespräch fließt wie von allein. Doch dich selbst vergisst du schnell, denn du hast dich nicht vor Augen. Schau dein (Spiegel-)Bild an und rede mit dir. Diese kleinen Übungen können sehr viel in uns bewegen.

Wenn du dir Kinderbilder anschaust, kannst du dich auch mit dir selbst unterhalten, so wie du es mit deinem gealterten Ich tun kannst. Viele Dinge empfinden wir, weil wir die Gefühle und Emotionen noch aus unserem Erleben in der Kindheit abgespeichert haben. Wir reagieren innerlich (und oft auch in unserem Tun) wie ein kleines Kind, das keine Möglichkeiten hatte, selbst zu entscheiden oder für sich selbst einzustehen. Du kannst diesem Kind in dir sagen, dass du jetzt für es da bist und es keine Angst zu haben braucht.

Versuche, dich nicht selbst zu verurteilen
Hast du dich auch schon einmal selbst fertiggemacht, so wie ich, als ich mich vor dem Spiegel angeschrien habe? Vielleicht nennst du dich nicht „Monster", vielleicht hast du ganz eigene Worte, mit denen du dich verurteilst. Vielleicht ist es auch ein Gefühl, mit dem du dich klein machst, wenn du nicht so gehandelt hast, wie du es dir gewünscht hättest.

Das Wort „Menschlichkeit" ist mir in den letzten Jahren sehr lieb geworden. „Ich bin ein Mensch. Was menschlich ist, ist mir nicht fremd." Dieses Zitat des römischen Dichters Terenz erinnert mich daran, dass ich mein Menschsein umarmen darf. Der Gedanke hilft mir dabei, diesen unmenschlichen Anspruch, immer wie eine Maschine richtig funktionieren zu müssen, als krasse Lüge zu entlarven. Ich darf voll danebenliegen, und manchmal kann ich gar nichts daran ändern. Diese Sicht hat nichts mit der faulen Ausrede „Ich bin halt so" zu tun. Es ist die liebevolle Akzeptanz dessen, dass wir menschliche Regungen jeder Facette haben und menschlich reagieren. Darin ist die ganze Bandbreite von liebevoller Aufmerksamkeit sowie von lieblosen Reaktionen enthalten. **Kein Mensch kann perfekt sein. Daher wäre es unfair dir selbst gegenüber, wenn du von dir erwartest, stets fehlerfrei zu sein.** Wir alle verfehlen mal den Ton, wir verlieren mal die Nerven, wir verletzen uns gegenseitig und sagen Worte, für die wir am liebsten im Erdboden versinken würden. Jeder hat seine ganz persönlichen Schwachstellen, und sicher ist, keiner ist ohne. Wenn ein Mensch auf der Welt verstehen kann, dass du noch am Lernen bist, solltest das nicht am ehesten du selbst sein? Zeige dir, dass du dich liebst, in guten wie in schlechten Zeiten, indem du dir schnell vergibst und akzeptierst, dass du den Weg zu deinem Herzen noch nicht vollkommen freigelegt hast, in diesem Leben vielleicht auch niemals ganz freilegen kannst. Ja, wir dürfen diese angesammelten Irrtümer in unserem Inneren beseitigen. Wir können der Liebe immer mehr Raum in unserem Leben geben. Doch das braucht Zeit und ist eine lebenslange Schule. Gönn dir diese Zeit und sei gnädig mit dir. Vergebung ist die höchste Form der Liebe, die du dir schenken kannst. Und gerade dann, wenn es nicht rund läuft, brauchen wir besonders viel davon. Der eigene Anspruch, perfekt zu sein oder immer richtig zu reagieren, ist niemals zu erreichen. Je schneller wir diese Illusion loslassen und uns selbst als noch nicht fertiges Kunstwerk betrachten, desto schneller lernen wir, uns nicht ständig zu verurteilen. Wir können uns stattdessen vergeben und weitergehen.

Ist dir aufgefallen, dass in „verurteilen" das kleine Wort „teilen" steckt? Du zerteilst etwas, das zusammengehört. Durch das Verurteilen schneidest du dich selbst von deinem Herzen ab. **Vielleicht kannst du dir sogar für deine negativen Emotionen dankbar sein. In dem Moment, wo du beginnst, sie als Wegweiser, als Signale anzunehmen, können sie dir viel über dich selbst verraten.** Was passierte beispielsweise in einem Moment, in dem ich unfair zu meinen Kindern war? Was war das eigentliche Problem? Vielleicht hatte ich mir für den Tag zu viel vorgenommen und hatte keine Geduld mehr für meine Mädchen. Oder ich war mit etwas ganz anderem nicht einverstanden, das vielleicht schon einen Tag zurücklag und in diesem Moment rausplatzte. In einem ruhigen Moment könnte ich mich fragen, warum ich mir zu viel vorgenommen hatte. Warum ich nicht am Tag vorher schon das Gespräch gesucht oder Grenzen gezogen hatte. Wenn ich ehrlich mit mir bin und meinem „Warum" in die Tiefe folge, kann ich großes Mitgefühl für mich entwickeln, mich von Herzen bei meinen Liebsten entschuldigen und lernen, mich auf den Weg einzulassen, der dem Herzen folgt.

Ich habe gelernt, mir schnell zu vergeben. Früher habe ich mich selbst niedergemacht, wenn etwas nicht gut gelaufen ist. Das hilft keinem und macht alles nur noch schlimmer.

Auch wenn es hier in erster Linie um deine Beziehung zu dir selbst geht, möchte ich kurz über Vergebung gegenüber deinen Mitmenschen sprechen. Denn alles, was du in dein Herz hineinholst, bleibt dort so lange, bis du es gehen lässt. Jemandem zu verzeihen, bedeutet nicht, dass du mit dem Geschehenen einverstanden bist oder dass du es verstehen kannst. Verzeihen bedeutet, dass du das Erlebte nicht mehr mit deinem Herzen verbindest. Leid kann sehr große Formen annehmen, und Vergeben kann ein sehr schwerer Weg sein. Doch denke daran, dass du es nicht für den anderen tust, sondern für dich selbst.

Der Weg zu unserem Herzen führt oft durch unsere Vergangenheit. Hab den Mut, dir Hilfe zu holen, wenn du es nicht allein schaffst. Ich habe mir Hilfe geholt und durfte später auch selbst Menschen helfen auf dieser Reise. Und wenn es um den Alltag geht, um all die kleinen Unperfektheiten, die uns und unseren Mitmenschen passieren: Vergib sie so schnell wie möglich und lass sie hinter dir. Das wird dein Herz leicht machen wie eine Feder.

Gib dir Raum
Im letzten Abschnitt habe ich bereits angesprochen, dass die Liebe immer mehr Raum nehmen darf. Doch auch du selbst darfst Raum nehmen.

Dir selbst Raum zu geben, bedeutet noch mehr, als dir zeitliche Freiräume im Alltag zu schaffen. Deine Zeitplanung ist nur eine der äußerlich sichtbaren Auswirkungen deiner inneren Einstellung.

Früher kannte ich diesen inneren Raum kaum. Weil ich immer Leistung von mir erwartete und keine Pausen oder Auszeiten nahm, fand ich gar keine Gelegenheit, ihn zu betreten. Dadurch gab es keinen Ort für mich, an dem ich das, was in mir geschah, wahrnehmen konnte. Wurde der dadurch entstandene innere Druck dann zu groß, habe ich mir explosionsartig zeitlichen und räumlichen Freiraum verschafft.

An meinem Geburtstag im Jahr 2013 war zum Beispiel so ein Moment der Explosion. Ich habe mir von meinem Mann einfach nur gewünscht, dass er unsere kleine Tochter nahm und mich den ganzen Tag allein ließ. Meine größte Explosion passierte etwa ein Jahr später, als ich für einen Monat ohne ein Wort aus unserer Gemeinde verschwand, den Gottesdienst nicht mehr besuchte und für kein Gemeindeglied mehr zu erreichen war. In beiden Situationen war mein innerer Druck so groß, dass ich nicht mehr wusste, wohin mit mir.

Wenn ich dann ein wenig zur Ruhe gekommen war, konnte ich Gedanken und Gefühle in mir wahrnehmen, die sonst völlig untergingen, ich konnte spüren, wie es mir wirklich ging. In einem meiner alten Kalendereinträgen, der in einer solchen Pause entstanden ist, steht: „Ich reagiere, gebe allen Raum. Lächele, helfe. Dann explodiere ich, denn ich wollte meinen Raum behalten. Wein hilft nicht und Essen auch nicht. Ich verliere mich, verliere meine Form." Darunter in großen Lettern: „ICH BRAUCHE RAUM".

Was ich nicht wusste: Ich brauchte inneren Raum, kein verbessertes Zeitmanagement. **Ich brauchte die Erlaubnis, die ich mir nur selbst geben konnte, dass ich so wichtig bin, dass ich Raum nehmen darf.** Dass meine Gefühle, auch wenn sie unbequem sind, Raum nehmen dürfen. Dass meine Wünsche und Bedürfnisse so wichtig sind, dass sie Raum nehmen dürfen. Die wahre Veränderung geschieht immer erst in uns, dann um uns herum. Doch ich konnte mir den echten, inneren Raum damals noch nicht erlauben. Er schien mir zu unsicher, zu unkontrollierbar. Und manches Mal dachte ich auch, ich dürfe mich nicht so wichtig nehmen. Doch wenn ich zurückschaue, sind gerade die zwei „Explosionen", von denen ich oben geschrieben habe, Momente, in denen meine Verzweiflung mich zwang, mich wichtig zu nehmen. Das waren Zeiten, die meine Geschichte sehr geprägt haben. An meinem Geburtstag im Jahr 2013 habe ich eine Vision über mich selbst in zehn Jahren, also in 2023, aufgeschrieben. Diese sechs Punkte haben mich seitdem begleitet und inspiriert. Wäre ich nicht so verzweifelt in den Nachmittag hineingegangen, ich hätte mir wahrscheinlich Gedanken über irgendeine anstehende Aufgabe gemacht. Auch die Gemeindepause war für mich wichtig. Sie hat mich ein erstes Mal erahnen lassen, dass nicht alles zusammenbricht, wenn die Dinge nicht nach meinen Vorstellungen laufen. Der CD-Player konnte wunderbar die Live-Musik ersetzen und es fand sich immer jemand, der während des Gottesdienstes nach den Kindern schaute.

Der Weg des Raumnehmens als die Person, die ich bin, hatte in diesen Zeiten begonnen. Nicht sehr bewusst, und doch waren es die ersten wichtigen Schritte.

Zwischen all der inneren Unruhe und dem ständigen Reagieren auf mein Umfeld gab es einen leisen Satz in mir, der schon seit vielen Jahren immer wieder aufblitzte: „Feste Schritte auf weitem Raum." Danach habe ich mich immer gesehnt, danach habe ich immer Ausschau gehalten. Doch meine Schritte tappten unsicher und unkontrolliert im Nebel herum. Der weite Raum fehlte. Heute spüre ich viel Weite in mir. Ich habe das Gefühl, das vieles möglich ist.

Ich möchte zwei Sätze mit dir teilen, die ich 2019 für mich aufgeschrieben habe und seitdem unzählige Male gelesen und durchbuchstabiert habe. Ich habe die Worte, die schon viele Jahre als ein sehnsuchtsvolles Gefühl in mir waren, um Gedanken ergänzt, die mir eine Brücke, einen gangbaren Weg, von meinem inneren Chaos hin zu diesem weiten Raum gebaut haben. Vielleicht helfen sie dir auch!

Feste Schritte
Ich mache mir aktiv Gedanken darüber, was ich möchte, und treffe selbstbestimmte Entscheidungen. Diese setze ich in die Tat um.

Auf weitem Raum
Ich bin nicht eingeengt von den Wünschen und Vorstellungen anderer Menschen oder meiner Programmierung. Ich nehme meinen Raum ein.

PS
Es ist okay, wenn es nicht gleich (perfekt) funktioniert!

Raum bedeutet für mich, dass mein Leben nicht vorgegeben ist, dass ich wählen darf, dass ich frei bin. Die festen Schritte stehen für ein tiefes Grundvertrauen in das Leben, in mich selbst und in Gott. Erlaube dir Raum, inneren Raum, die Weite, auf das zu reagieren, was dich anzieht.

Lange Zeit hatte ich die Befürchtung, meine Familie oder die Gemeinde zu vernachlässigen oder abgelehnt zu werden, wenn ich mir selbst Raum geben würde. Doch ich habe erkannt, dass diese Angst, egoistisch zu sein oder als egoistisch wahrgenommen zu werden, sowohl mir als auch den Menschen um mich herum viel vorenthalten hat.

Dem eigenen Herzen zu folgen, ist keine egoistische Lebenseinstellung, die die Menschen um uns herum vernachlässigt. Das Ego ist oft unerbittlich, besteht auf seinem Willen und seinen Meinungen und lässt wenig Raum für Nähe. Das entspricht nicht der Natur unseres Herzens. Das Herz nimmt feinfühlig wahr, was im Moment stimmig und an der Zeit ist. Es strebt nach Authentizität und Wahrheit. Es leitet uns sanft durch unser Leben und führt uns in ein wirklich erfülltes Dasein.

Auch der Angst, dass mein Inneres mir nicht gefällt, dass es nicht genügt, durfte ich ins Auge schauen. Bei einer ehrlichen Bestandsaufnahme musste ich erkennen: Ja, ich entspreche nicht in jeder Hinsicht meinen eigenen Erwartungen. Aber ich bin trotzdem genug. Ich bin, wer ich bin. Und das ist kein Versagen. Ich durfte erfahren, dass meine Familie und meine Freunde niemals dachten, dass irgendetwas an mir nicht genug wäre. Sie schätzen es sogar, wenn ich mich verletzlich zeigte und zugab, dass ich es nicht schaffe, dass ich es nicht weiß und dass ich die Situation gerade nicht retten kann. Heute weiß ich, dass all diese Ängste der größte Unsinn sind. Eine glückliche, ausgeglichene Linda hätte jedem Lebensbereich besser getan. Ich bin unendlich dankbar für meine Freunde, meinen Mann und meine Kinder, die mir in dieser Zeit gespiegelt haben, dass sie mich lieben und für mich da sind, genauso wie ich gerade bin. Und ich bin dankbar, dass auch mein Mann Raum genommen hat. Es fühlt sich an, als ob wir beide mehr und mehr wir selbst werden. Und was ich sehe, gefällt mir.

Nimm deinen Raum ein, fülle ihn aus mit Licht und Leben. Dieses Leuchten wird deine Tage erhellen und dein ganzes Umfeld mit dir.

Dein Körper – der Spiegel deines Herzens
Vielleicht denkst du, wenn du dich mehr um dein Herz kümmern möchtest, hat das nur mit deinem Inneren zu tun. Es stimmt, ich habe schon viel vom Inneren gesprochen. Aber auch dein Körper möchte beachtet werden. Denn dein Körper ist der Spiegel deines Herzens. Er zeigt dir, wie es dir wirklich geht und was du brauchst. Ihn zu ignorieren, bedeutet gleichzeitig, dein Herz zu ignorieren. Ihn nicht wichtig und ernst zu nehmen, bedeutet, dass du auf dem besten Weg bist, das Gleiche mit deinem ganzen Sein zu tun. Wenn du deinen Körper ständig übergehst, ignorierst du damit die

Signale deines Herzens, die dir den Weg weisen und dir deine Grenzen aufzeigen.

Ich habe nie auf meinen Körper gehört. Der Grundstein dafür war bestimmt, dass wir beide schon sehr früh kein positives Verhältnis zueinander hatten. Ich fand mich zu groß, zu dick und zu auffällig. Mein Sättigungsgefühl ignorierte ich. Müdigkeit war für mich kein Grund, meine Pläne zu ändern. Ich war die Frau, die immer funktionierte. Wie es meinem Körper dabei ging, spielte für mich keine Rolle. Dadurch habe ich die leisen und lauten Signale meines Körpers nicht wahrnehmen können. Auch zu meinem Körper durfte ich in den letzten Jahren eine neue Verbindung aufbauen. Für mich war das ein ganz neues Kennenlernen und ist es immer noch. Das Verständnis, dass Herz, Kopf und Körper zusammengehören, dass mein Körper mein wundervoller Verbündeter ist, der mein Innen nach Außen trägt, hat mich aufmerksamer mir gegenüber gemacht. Durch meinen Körper nehme ich wahr, was ich möchte oder brauche, genauso wie ich spüre, was ich vielleicht loslassen sollte.

Dabei geht es um viel mehr als Gymnastikübungen bei Rückenschmerzen (obwohl das auch eine gute Idee ist). **Unser Körper trägt unsere tiefsten Herzensregungen nach außen, lässt uns etwas wahrnehmen, was unser Verstand vielleicht in dem Moment gar nicht greifen kann.** Dabei achte ich auf Gefühle wie Frieden und Unruhe, mein Bauchgefühl oder meinen Herzschlag. Wenn dieser sich in einem Gespräch beschleunigt, weiß ich heute, dass gerade etwas passiert, das wahrgenommen werden möchte. Jeder Körper ist anders, genauso wie jedes Herz ein Unikat ist. Wenn wir unseren Körper kennenlernen, dann wird er uns ein treuer Wegweiser zu unserer Herzensstimme sein.

Das Vergleichen ist das Ende des Glücks
Wenn es eine Sache gibt, die uns mit großer Sicherheit von unserem eigenen Herzen trennt, mit der wir uns selbst quälen und blockieren können, dann ist es das Vergleichen. In dem Moment, in dem wir unser Leben mit dem einer anderen Person vergleichen, die wir vielleicht bewundern, wollen wir uns an dieses Leben angleichen. Wir verlassen unsere eigenen Möglichkeiten und richten unsere Aufmerksamkeit auf das, was wir nicht haben. Wir wollen sein wie jemand anderes, oder zumindest die positiven Seiten eines anderen in unserem Leben haben. Das trennt uns von uns selbst und unserer Lebensenergie. Vergleichen fühlt sich für mich an wie mit dem Kopf durch eine Steinmauer am Rande des Paradieses rennen zu wollen. Ich habe noch gar nicht alles entdeckt, was in meiner Welt zu finden ist, doch ich bin besorgt, dass es nicht reichen könnte.

Wenn du dich auf deine Möglichkeiten und Reichtümer konzentrierst, bist du in deiner Kraft. Lass nicht zu, dass Gedankenkonstrukte über das Leben anderer Menschen dich von deinem Wunder und von deiner Schönheit ablenken.

Ich dachte immer, Neid und Vergleichen seien für mich keine Themen. Doch als ich plötzlich ohne Aufgabe und Lebensvision dastand, kamen Gedanken in mir hoch, die ich vorher nicht kannte. Ich sah Menschen, die ihren Lebensweg mutig und zielsicher gingen, und genau das wollte ich auch. Nächtelang lag ich wach, grübelte tagelang, um herauszufinden, was ich jetzt tun könnte, um eine Selbstständigkeit aufzubauen oder meine Karriere wieder aufzunehmen. Ich hatte das Gefühl, Jahre der Arbeit aufholen zu müssen, wenn ich die gefeierten Erfolge von anderen um mich herum sah. Ausgebrannt von den vergangenen Jahren und mitten in meiner persönlichen Krise hätte ich dazu gar keine Kraft gehabt, doch das zählte in diesen Momenten nicht. Ich entwarf Produkte, notierte Geschäftsideen oder lag völlig gelähmt in der Ecke. Ich verschwendete wertvolle Tage aus der Panik heraus, nicht mehr mithalten zu können. In diesen Zeiten habe ich mich gestresst, überfordert und dabei sehr allein gefühlt.

Das Vertrauen in meinen eigenen Lebensweg musste erst wachsen. Es hat Zeit gebraucht, nicht immer wieder panisch zu reagieren, wenn ich mich unsicher fühlte.

Das Vergleichen ist das Ende des Glücks. **Je mehr wir lernen, bei uns und unseren Möglichkeiten zu bleiben, umso glücklicher, zufriedener und erfolgreicher werden wir sein, in unserem Tempo, genauso, wie es zu unserem Lebensweg passt.**

Sei dir eine gute Freundin und erinnere dich selbst daran, was in deinem Leben schon gut ist, so, wie du es vielleicht schon mit deiner Liste begonnen hast, um die es zu Beginn dieses Kapitels ging. Dankbarkeit ist eine wahre Superkraft.

So schnell vergessen wir all das Gute, das wir haben, all die Meilensteine, die wir selbst schon erreicht haben. Das passiert besonders schnell, wenn wir uns vergleichen. Wenn wir einmal beginnen, ernstlich den Weg unseres Herzens zu gehen, dann erwarten uns Wunder, unsere Wunder.

Und dann dürfen wir beginnen, uns mit uns selbst zu vergleichen. Wer war ich vor einem Jahr, wer vor zwei Jahren? Wie sah mein Leben aus, bevor ich auf meine Herzensstimme gehört habe? Diese Art des Vergleichens wird dich mit tiefer Freude und Dankbarkeit erfüllen. Das verspreche ich dir.

Vertraue dem perfekten Timing

Oft scheint es so, als würde sich nur sehr wenig in unserem Leben bewegen. Besonders in unserem Inneren haben wir kaum Möglichkeiten, auf das Tempo der Verwandlung Einfluss zu nehmen. Das kann ganz schön frustrieren, vor allem dann, wenn wir wieder über die Dinge in uns stolpern, die doch scheinbar schon längst von uns ins Licht geholt wurden.

Ein hilfreiches Bild sind hier beispielsweise die Vorgänge in unserem Körper. Unsere Zellen befinden sich in einem ständigen Erneuerungsprozess, der je nach Zelle unterschiedlich lange dauern kann. Teilweise sind es bis zu acht Jahre. Genau wie unsere Zellen brauchen auch unsere Verhaltensmuster, Gedanken und Gefühle ihre Zeit, um sich zu erneuern. Wenn du beginnst, über eine Sache neu zu denken, beginnt ein natürlicher Prozess, dem du vertrauen darfst. Und wenn du genau hinschaust, wirst du sehen, dass ein Thema längst nicht mehr mit derselben Wucht hochkommt wie vielleicht vor zwei Jahren.

In der materiellen Welt können wir unsere Wünsche oft sehr schnell befriedigen, egal ob es die Online-Bestellung ist, die schon am nächsten Tag eintrifft, oder der Sprung ins Auto, das uns gleich an das Ziel unserer Wünsche bringt.

Ich habe aufgehört, mich für meine Langsamkeit zu verurteilen, habe akzeptiert, dass sie meiner wunderbaren menschlichen Natur entspricht. Durch meine Geschichte habe ich ein großes Vertrauen dahinein entwickelt, dass die Veränderung zu ihrer Zeit kommt. Die Prozesse in uns wurzeln so tief, dass wir es oft gar nicht merken. Und plötzlich, manchmal sogar, ohne dass es uns gleich bewusst ist, haben wir neue innere Freiheit gewonnen. Wenn ein solcher Moment kommt, ist das Leben nicht mehr dasselbe.

Von einem solchen Moment möchte ich dir erzählen. Mit Sicherheit ist dieses Erlebnis mit dafür verantwortlich, dass dieses Buch entstanden ist.

Schön, dass es dich gibt

Es war ein Mittwochmorgen im März 2019. Seit einigen Wochen besuchte ich meine Coachin, eine Frau, die mir geduldig zuhörte und mir half, meinen Kopfsalat zu sortieren. Ein Blick von außen kann ein neues Licht auf das eigene Leben werfen. Dieses Licht schien an diesem Tag auf eine Bühne, auf der meine Coachin ein besonderes Bühnenbild mit mir schuf: zwei Stühle. Auf dem einen Stuhl saß mein Kopf, auf dem anderen mein Herz. Mein Körper huschte zwischen beiden hin und her. (Im letzten Kapitel stelle ich dir diese Übung ganz genau vor.) Mein Kopf hatte viel zu sagen. Er wusste auf jedes Problem eine Lösung. Mein Herz schwieg und brachte keinen Ton heraus. Damit hatte ich nicht gerechnet. Was hatte ich getan? Warum hatte mein Herz keine Stimme mehr? Als wenn meine Coachin es geahnt hätte, gab sie mir an diesem Tag ein kleines hölzernes Herz mit der eingebrannten Zeile „Schön, dass es dich gibt" mit.

Traurig und bewegt machte ich mich nach diesem Schauspiel auf den Weg nach Hause. Der Spaziergang in der Sonne, glitzerndes Flusswasser und Vogelgezwitscher sind manchmal die beste Medizin. Mein Holzherz in der Hand, ein leises, unbeholfenes Gebet auf den Lippen, so lief ich durch die Frühlingssonne am Ufer entlang. Und so kindlich es auch klingen mag, plötzlich sprang mein Herz aus meiner Brust. Die Traurigkeit, die mich seit Monaten begleitet hatte, löste sich in einem Moment auf und ich empfand tiefe, echte Freude. Viel zu lange war ich der größte Kritiker meines

Herzens gewesen. Was es zu sagen hatte, entsprach nicht meinen Vorstellungen von der „richtigen Einstellung". Doch plötzlich konnte ich zu meinem Herzen sagen: „Schön, dass es dich gibt." Vielleicht zum ersten Mal in meinem erwachsenen Leben in diesem vollen Umfang. „Schön, dass es dich gibt."

Dieser Tag im März hat mich befreit, mein Herz befreit. Ich konnte plötzlich annehmen, dass ich nicht so leistungsfähig bin, wie ich gedacht hatte, sein zu müssen. Oder noch besser gesagt, ich konnte mein Herz nehmen, wie es war, ohne es zu bewerten. **Die Umarmung, die ich mir selbst an diesem Tag geben konnte, diese Annahme, die ich mir selbst geschenkt habe, sie hat etwas in mir in Bewegung gebracht, was seit diesem Tag nicht mehr aufzuhalten ist.**

Von dem Abend, an dem ich mich zum ersten Mal auf die Reise zu mir selbst eingelassen hatte, bis zu meinem Spaziergang am Fluss, an dem ich mir tiefe, bedingungslose Liebe zusprechen konnte, mussten vier Monate vergehen. Die tiefe Liebe zu mir selbst, dieses Herz, das ich gefunden habe, ich kann es nicht mehr verleugnen. Es ist eine Verbindung entstanden, die mich nicht mehr die Frau sein lässt, die ich vorher war. Während ich diese Zeilen schreibe, sind vier weitere Jahre vergangen. Immer wieder tappe ich in die gleichen Fallen, vergesse mich, vergesse die Liebe, doch ich kann mich mit all dem stehen lassen. Und, was wunderschön ist, es fällt mir immer schneller auf. Ein einengender Gedanke, an dem ich mich früher vielleicht Wochen oder Monate festgebissen hätte, fällt mir heute schon nach drei Tagen auf, oder sogar nach drei Stunden. Und oft lebe ich einfach aus dieser wunderschönen, natürlichen Verbindung zu mir selbst heraus.

Meine größte Liebesgeschichte hat begonnen. **Die Liebe zu mir selbst ist das Schönste, was mir je begegnet ist. Erst durch sie konnte ich die bedingungslose Liebe meiner Mitmenschen und die Liebe Gottes wirklich annehmen. Das ist die Essenz des Lebens, die Essenz des Weges, mein eigenes Herz zu finden.** Liebe ist die Energie, die alles zum Schwingen bringt, die alles zusammenhält und belebt. Ohne diese Verbindung zu unserem Zentrum der Liebe, unserem eigenen Herz, leben wir am wahren Leben vorbei.

Wenn ich dir einen Satz mitgeben darf, dann sind es diese einfachen Worte: SCHÖN, DASS ES DICH GIBT! Die Freude an deiner eigenen Existenz zu erleben, bewirkt etwas in dir, das dein ganzes Leben in eine neue Richtung bringt. Es erweckt den Wunsch aufzublühen, danach, die Dinge zu leben, die du tief in dir trägst und die dir am wichtigsten sind. Und das ist der Schlüssel zur Veränderung.

Ich bin unendlich dankbar für meine Geschichte, denn sie hat mich zu mir selbst zurückgebracht. Ich konnte mein Herz wiederfinden, ein Wunder, das wir alle, auch du, in uns tragen. Deshalb fühle ich mich verbunden mit dir und sehne mich gemeinsam mit dir nach deinem Abenteuer, nach deinem erfüllten Leben. Wie wunderbar wäre es, wenn dich ein Gedanke aus meiner Geschichte ermutigen kann, dir selbst noch näher zu kommen. **Es ist so schön, dass es dich gibt!**

Deine größte Liebesgeschichte – was für ein Liedtext passt zu diesem Kapitel? Was bringt das Thema Selbstliebe so auf den Punkt, dass es nicht wie eine Floskel klingt? Mit dieser Frage habe ich mich lange herumgetragen. Selbstliebe kann sich in vielerlei Weisen zeigen. Doch in meinen Überlegungen habe ich gespürt, dass für mich die höchste Form der Selbstliebe darin besteht, mir selbst gnädig zu sein.

Die Zeilen, die mir dann über Wochen im Kopf herumschwirrten, waren diese: „Sei dir gnädig. Lieb dich so, wie du grad' bist. Nimm dich in den Arm. Bleib bei dir." Wunderschöne Sätze, viel geeigneter, um sie uns zuzusprechen als „Du Monster". Doch beim Schreiben des Liedes kam ein weiterer Satz hinzu. Einer, der die neuen, mutmachenden Worte mit dem verbinden sollte, was oft tatsächlich in mir vorgeht. „Es ist schwer." Ich muss zugeben, es ist manchmal schwer. Noch heute. Es ist ein Weg, eine Reise, uns selbst anzunehmen und zu lieben, so wie wir gerade sind. Doch ich glaube, dass es sehr tröstlich sein kann, uns daran zu erinnern, dass viele von uns diese Kämpfe kennen, wenn wir selbst in einer solchen Situation stecken.

„Gnädig" ist mein Lied über Selbstliebe.

GNÄDIG

Ich stehe vor'm Spiegel, hasse, was gerad' geschah,
hab um mich gewütet, wie es schon öfters war.
Jedes meiner Worte nehm' ich in ein hartes Gericht,
fühl mich wie ein Monster, das im Glassaal alles zerbricht.

Wie konnt' ich schon wieder nicht so sein, wie ich gerne wär?!
Liebevoll, zärtlich, für jemand wie mich scheinbar schwer.
Schau in meine Augen, seh', mir ist alles zu viel,
eine dieser Sachen, die mir wieder zu spät auffiel.

Ich wär mir so gern gnädig.
Ich weiß, wie gut das wär.
Und ich tu, was ich kann.
Doch es ist schwer.

Es hilft nichts zu wünschen, besser oder anders zu sein,
muss meinen Weg finden, mit mir selbst freundlich zu sein.
All diese Härte, wie ich mit mir umgehe,
ist überhaupt erst der Grund, warum ich hier stehe.

Dann sag ich: Sei dir gnädig.
Denn ich weiß, wie gut das wär.
Und ich tu, was ich kann.
Doch es ist schwer.
Es ist schwer.
Warum ist es so schwer?
Warum ist es so schwer?

Die Jahre vergehen, der Spiegel, er bleibt gleich,
doch die Frau, die ich sehe, sie ist gereift.
Ihre Worte begegnen dem Tag und der Nacht,
liebevoll, zärtlich wird ihre Seele bewacht.

Und sie sagt: Sei dir gnädig.
Lieb dich so, wie du grad bist.
Nimm dich in den Arm.
Ich weiß, es ist schwer.
Ich weiß, es ist schwer.
Nimm dich in den Arm.
Nimm dich in den Arm.

Kapitel vier

FRIEDE – EINE HERZENSFORMEL

FRIEDE
IM INNEREN
IST DIE
ABWESENHEIT
VON CHAOS.

Das Wort „Formel" klingt so sicher und berechenbar, dass man fast glaubt, es sei zu schön, um wahr zu sein. Vor allem wenn man bedenkt, wie tief und vielschichtig unser Herz ist. Doch ich habe für mich eine Formel gefunden, die tatsächlich funktioniert. Im Übrigen finden die Worte „zu schön, um wahr zu sein" keinen Raum mehr in meinem Leben. **Schönes überrascht uns so oft, Schönheit ist die reine Wahrheit, sie ist der Kern der Schöpfung minus all dem Verdrehten, was sie wie ein Schleier umhüllt.** Deshalb ist der Weg zum Herzen zugleich ein Weg zur Schönheit, die sich in jeder Kunst, in jeder Beziehung und in jedem Lebensbereich zeigen kann. Aber das nur als kleiner Randgedanke.

Ich habe für mich eine Regel gefunden, eine Formel, anhand der ich mittlerweile alle Entscheidungen in meinem Leben treffe. Sie lautet sehr kurz und knapp: „Ich bemesse alles an meinem inneren Frieden."

Mein Mann ist ein sehr begabter Handwerker. Er baut für unsere Familie alles, was wir uns wünschen: Hochbetten in Form von Häusern, Einbauschränke, Hochbeete, Gartenlauben … für ihn ist nichts unmöglich. Ich habe jedoch beobachtet, dass er vor jedem neuen Projekt sehr viel Zeit mit einem Maßband und einigen Blättern Papier verbringt. Ist nur ein Detail seines Projektes falsch bemessen, können am

Ende sehr viele Schwierigkeiten auftreten. Natürlich könnte er auch in ein Geschäft fahren und ein Hochbeet kaufen. Er hat jedoch genau vor Augen, wie er seine Projekte umsetzen möchte – und für viele von ihnen hätte es gar keine vorgefertigte Lösung gegeben.

Wenn wir beginnen, uns ein Leben aufzubauen, das unserem Inneren entsprechen soll, das dem Herzen folgt, dann brauchen auch wir eine feste Maßeinheit, die uns hilft, die äußeren Situationen und unsere inneren Wünsche zu bemessen, sie einzuschätzen und zu bewerten. Unser „Maßband" ist unser innerer Frieden. Durch ihn fühlen wir uns befähigt, selbst gute Entscheidungen für unser Leben zu treffen. Dann können wir aufhören, die „fertigen Lösungen" zu kaufen, die für uns vielleicht nie so richtig gepasst haben. Dann beginnen wir, selbst zu gestalten. Wir bauen ein Leben, das unser Herz widerspiegelt.

Frieden im Herzen kann nur wild wachsen
In dem Maße, in dem unser innerer Friede wächst, in dem Maße bewegen wir uns mit unserem Denken, Fühlen und Handeln in eine Richtung, die unserem echten Sein entspricht. Im Gegensatz zu einem Holzprojekt wie unserem Hochbeet, bei dem vorhandene Bretter geschnitten werden, ist der Friede so wie eine Blume, die keimen, durch die Erde durchbrechen und emporwachsen will. Jedes Leben trägt seine ganz eigene Schönheit in sich, die sich auf ihre eigene Weise entfalten möchte. So, wie die eine Pflanze direkte Sonneneinstrahlung braucht und die andere ein schattiges Plätzchen, so braucht auch unser Leben unterschiedliche Bedingungen, um aufzublühen. An unserem inneren Frieden können wir erkennen, wie sehr sich unser Herz gehört

weiß und wie wohl es sich fühlt. Diesen Prozess können wir beobachten und begünstigen, doch nicht bestimmen. **Frieden im Herzen kann nur wild wachsen. Unser natürliches Verlangen nach Kontrolle möchte gerade Formen und gleichbleibende Muster finden, doch der Herzensweg ist verspielt.** Schau dir die Natur an. Du findest wenig Quadrate, Rauten oder Dreiecke. Die Äste eines Baumes wachsen kreuz und quer, der Fluss strömt durch seine Biegungen und die Wolken türmen sich wie Zuckerwatte und laden unsere Fantasie ein, die verrücktesten Figuren darin zu entdecken. Sie alle folgen ihrer Natur, doch wir Menschen haben oft solche Angst, uns dem natürlichen und wundervollen Wachstum unseres Lebens hinzugeben. So wie ein Baum sich in aller Stille und Zuversicht der Sonne zuwendet, so dürfen wir das Gleiche tun. Wir finden das Licht in unserem Herzen. Und der Friede stellt sich ein, wenn wir mit diesem Licht verbunden sind.

Als eine Frau, die die meiste Zeit ihres Lebens großen Druck verspürt hat, definiere ich Frieden als das absolute Gegenteil von diesem Druck. Dabei rede ich von innerem Frieden und innerem Druck. Äußerer Druck und innerer Frieden widersprechen sich nicht. Aber dazu komme ich etwas später. Dem inneren Frieden nachzuspüren ist ein wichtiger Bestandteil der Reise zu unserem Herzen. Tun wir dies nicht, so werden wir große Schwierigkeiten bekommen, genau wie bei einem falsch bemessenen Bauprojekt. Doch ein falsch bemessenes Leben hat weitaus größere Auswirkungen. Wir verpassen viel mehr. Was ich mit diesem inneren Frieden meine und welche Bedeutung er hat, möchte ich dir auf den nächsten Seiten erklären.

FRIEDEN
IM HERZEN
KANN NUR
WILD
WACHSEN.

**Innerer Frieden kommt,
wenn wir dem Sturm begegnen**

Innerer Frieden ist niemals gleichzusetzen mit einem friedlich erscheinenden Leben, wobei diese zwei wundervoll Hand in Hand gehen können. Viele Menschen ignorieren Probleme oder gehen schwierigen Situationen aus dem Weg, um „in Frieden" zu leben. Andere lenken sich ab, um Frieden zu erleben. Doch all das ist kein Friede, der ein heilsamer, befreiender Zustand für unser Herz ist. Hier herrschen eher Ängste, die uns zu einem bestimmten Verhaltensmuster drängen, das wir als Schutzmechanismus eingeübt haben.

Ich selbst habe so gelebt. Über Jahre hinweg habe ich meinem Umfeld und mir selbst erzählt, wie gut es mir ginge, dass ich keine Probleme hätte. Das war falscher Frieden. Das war Verdrängung, die in mir einen so großen Druck aufgebaut hat, dass ich irgendwann darunter zusammengebrochen bin.

Den Frieden als inneren Kompass zu wählen, war die mutigste Entscheidung, die ich je in meinem Leben getroffen habe. Es braucht Mut, jeden Tag dem inneren Frieden zu folgen. In letzter Konsequenz bedeutet es, auf die Stimme deines Herzens zu hören und nach ihr zu handeln, sich nicht mehr von Ereignissen oder anderen Menschen beeinflussen zu lassen. Das kann im ersten Moment für Verwirrung oder Konflikte in deinem Umfeld sorgen, die sich gar nicht nach Frieden anfühlen. Es ist ein neuer Friede, der daraus resultiert, dass du für dich einstehst, das Richtige tust und nicht das Einfache ... obwohl das Richtige auch das Einfache sein kann. Und wenn man sich ein bisschen daran gewöhnt hat, nach seiner Herzensstimme zu handeln, dann wird das ganze Leben leichter.

Für mich war es lange der einfache Weg, immer zu lächeln und jeder Erwartung zu entsprechen (so wie es mir möglich war). Menschen haben mich als sanftmütig beschrieben, denn ich war freundlich und immer für jeden da. Doch niemand konnte sehen, dass es mich innerlich zerrissen hat, nie für mich selbst da zu sein.

Ich erzähle diese Situationen und Gefühle aus meinem Leben sehr bewusst, denn ich weiß, wie wenig Einblick wir in die wahren Gefühle der Menschen um uns herum haben. Wir alle zeigen uns von unserer besten Seite und oft vermuten wir, den Menschen um uns herum gelänge alles, sie lebten in Harmonie und Frieden.

Es gibt ein sehr spannendes Experiment zu diesem Thema. Stell dir vor, du bist in einer größeren Gruppe von Menschen, sagen wir, du besuchst ein Seminar mit zwanzig weiteren Teilnehmern. Jeder von ihnen kann alle deine Gedanken, Gefühle und Beweggründe sehen, dich durchschauen. Versuch dich einmal so richtig in dieses Bild hineinzufühlen. Oder erinnere dich an dieses Gedankenspiel, wenn du dich das nächste Mal in einer großen Menschengruppe aufhältst. Dieser Gedanke löst in uns Unbehagen aus, wir fühlen uns ertappt. Doch er gibt uns auch eine Idee davon, wie wir alle innerlich aufgestellt sind. Wir haben alle unsere Kämpfe.

Wir alle schämen uns für unser Inneres, solange wir denken, alle anderen sind besser und wir müssten eigentlich auch besser sein. Doch es schweißt zusammen, wenn wir verstehen, dass wir alle auf dieser Reise sind. Wir kommen uns nicht mehr wie ein Alien vor, sondern wie ein Teil des Ganzen. Wir brauchen uns nicht mehr beweisen und versuchen, den Schein aufrechtzuerhalten, wenn wir verstehen und annehmen, dass wir alle Menschen sind. Und zu diesem

Menschsein gehört unsere tiefste Schwachheit und unsere größte Stärke. Nach außen tragen wir so viele Masken, doch innen ist so viel mehr zu finden – so viel mehr Schönheit und so viel mehr Schwäche. Wenn uns das bewusst ist, haben wir großes Mitgefühl für uns und füreinander, denn es geht uns allen gleich. Das Ziel darf nie sein, all diese dunklen Seiten loszuwerden. Das ist unmöglich. Doch verbunden mit der bedingungslosen Liebe zu uns selbst lernen wir, den negativen Gefühlen von Scham und Angst, dem Sturm in uns, zu begegnen, ihn auszuhalten und zur Ruhe kommen zu lassen.

Innerer Friede lässt sich nicht messen an dem, was du äußerlich sehen kannst. Du kannst unheimlich gelassen, erfolgreich und beliebt sein, doch innerlich bist du verzweifelt. Genauso kannst du in jedem Bereich deines Lebens in größten Schwierigkeiten stecken und darin völlig verbunden mit dir selbst einen Frieden erleben, der den Verstand übersteigt.

Wie Krieger des Lichts im Frieden leben
Vielleicht kennst du auch die Tage, an denen du alles gibst, um nach außen noch zu funktionieren, während du innerlich einfach nicht mehr kannst. Von außen ist alles friedlich, doch in dir tobt ein Krieg. Ich kenne dieses Gefühl sehr gut.

Viele Jahre fühlte sich mein Leben an wie ein einziger Kampf und ich war müde, bin immer wieder auf meinem Sofa zusammengesunken, wollte nicht mehr. Das große Problem war, dass ich für tausend Dinge gekämpft habe, die nicht meine Kämpfe waren. Losgelöst von unserem Herzen tun wir Dinge, die uns überfordern. Vielleicht ist es die Angst, die Kontrolle zu verlieren, oder die Angst, Ansehen zu verlieren. Bei mir habe ich die Angst entdeckt, nicht genug zu sein. Doch ich habe gehandelt wie ein Söldner dieser

Angst, anstatt für das einzustehen, was für mich als Mensch, als Linda, wichtig gewesen wäre. Auch heute reagiere ich immer wieder auf meine Angst, merke, wie gewohnte Mechanismen ganz schnell greifen wollen. Dann erinnere ich mich daran, dass ich kein Söldner mehr bin, sondern ein Krieger des Lichts. Ich kämpfe nicht, um meine Angst zu beruhigen, ich kämpfe für das Licht in meinem Herzen. Als vor vier Jahren meine Reise zu mir selbst begann, war mein erster Akt des Kampfes, monatelang im Rückzug zu leben und neue Kräfte zu sammeln.

Es geht darum, für das einzustehen, was dir etwas bedeutet oder was du vielleicht gerade brauchst. Ein Krieger des Lichts sagt nicht Ja, wenn sein Herz Nein sagt. Ein Krieger des Lichts ist nicht gezwungen, auf selbstauferlegte oder äußere Erwartungen zu reagieren. Er ist frei, in jedem Moment neu zu wählen, auf sein Herz zu hören. So kann, durch unseren inneren Frieden ausgelöst, mit der Zeit auch ein neuer Friede in unserem Umfeld entstehen. Doch alles beginnt in unserem Inneren.

Auch jetzt passiert es immer mal wieder, dass ich müde auf meinem Sofa zusammensinke, weil ich an zu vielen Stellen gekämpft habe, die eigentlich nicht mein Kampf waren. Doch heute kenne ich den Weg zu mir und meiner Herzensstimme. Der Pfad wird von Jahr zu Jahr eingelaufener und ich kann ihn immer schneller finden, kann immer schneller zu mir zurückfinden.

Im Frieden zu leben, braucht Mut. Das Leben, dass dem Herzen folgt, braucht Mut. Immer zu lächeln, immer friedfertig zu erscheinen oder Konflikten aus dem Weg zu gehen, ist nicht dasselbe wie innerer Friede. Frieden zu haben bedeutet nicht, immer glücklich zu sein. **Friede ist die konti-**

nuierliche Bewegung hin zu uns selbst, das Wahrnehmen, Annehmen und das Leben nach unserer Herzensstimme. Im Frieden findet alles den rechten Platz, so wie jeder Balken im Hochbeet seinen festen Platz bekommt.

Doch wie nehme ich wahr, was für mich richtig ist, wenn meine alten, eintrainierten Muster des Bewertens von gut und schlecht, richtig und falsch, mir nicht mehr als Anleitung dazu dienen, meine persönlichen Entscheidungen zu treffen?

Wege des Friedens

Etwas Neues zu beschreiben ist oft leichter, wenn wir erst einmal sagen, was es nicht ist. Denn das Alte kennen wir ja gut. Für mich war Stress und inneres Chaos ein Dauerzustand. Daraus hat sich für mich eine Definition von Frieden ergeben, die ich im Alltag jederzeit sehr leicht anwenden kann. Friede im Inneren ist die Abwesenheit von Chaos. Inneres Chaos erkenne ich sehr schnell in mir und weiß so, dass es Zeit ist, mich mit mir selbst zu verbinden, zu hören, was mein Herz in diesem Moment zu sagen hat. **Der Zustand des Friedens ist ein in sich ruhendes, angenommenes Herz, ein Grundzustand, der es uns ermöglicht, bei allem, was auf uns zukommt, zu wählen.** Bleibt mein Friede bestehen oder spüre ich Druck, wenn ich diesen Gedanken erlebe, wenn ich diese Aufgabe sehe? Und welches Verhalten ergibt sich daraus, welcher Gedanke möchte neu bewertet werden?

Es geht nicht darum, kompletten Frieden zu erschaffen, damit du von diesem Ort aus dein Leben gestalten kannst. Es geht immer um jeden einzelnen kleinen Schritt. Hast du das Gefühl, dass dir dieses oder jenes mehr Frieden oder weniger Frieden bringt? Und hier möchte ich noch einmal sagen, dass

Friede nicht immer bedeutet, den einfachen, ruhigen Weg zu gehen. Manchmal ist eine Entscheidung, die dem Herz Frieden bringt, nach außen hin nicht leicht zu treffen. Doch ich feuere dich an und mache dir Mut: Es lohnt sich so sehr. Den inneren Frieden zu suchen und ihm zu folgen ist der einzige Weg, der dich zu deinem Leben führt, weg von den Formen, von deiner eingeübten Rolle und den Gedanken, die dich dirigieren.

Bewegung bringt Frieden
Einer der größten Friedensräuber oder Chaosbringer ist das Aufschieben. Wenn wir in unserem Herzen einen Traum oder einen Impuls haben, und diesen dann immer wieder aufschieben, baut sich innerer Druck auf. Wir werden unzufrieden mit uns selbst und mit unserem Leben.

Gib den Dingen, die dein Herz dir sagt, Priorität, auch eine zeitliche Priorität. Du darfst die Dinge, die dir wichtig sind, fest in deinen Tag einplanen. Und du darfst Impulsen folgen. Lass die Dinge nicht an dir vorbeiziehen. Wenn du seit Tagen an diese eine Freundin denkst und das Gefühl hast, du solltest sie mal anrufen, dann tue es! Lass den Gedanken nicht immer wiederkehren. Er bringt Unruhe und Unzufriedenheit.

Bewegung bringt im wahrsten Sinne des Wortes Frieden. Egal ob du einem Impuls folgst, ob du mit kleinen Schritten an deinen Träumen arbeitest oder ob du einen Spaziergang an der frischen Luft machst.

Das Auge im Sturm
Manches tiefe Leid erschaffen wir selbst in uns. Das Festhalten an einer bestimmten Vorstellung von Leben und der

damit verbundene Druck, dieses Leben erschaffen oder aufrechterhalten zu müssen, kann Druck in uns auslösen, der einem Hurrikan ähnelt. Wir können die Welt um uns herum nicht kontrollieren. Wenn wir innere Verantwortung für Dinge übernehmen, über die wir keine Kontrolle haben, werden wir irgendwann unter dieser Last zusammenbrechen. Wir können nicht im Griff haben, was andere über uns denken, egal wie sehr wir uns anstrengen. Wir können nicht kontrollieren, ob eine Unternehmung ein Erfolg wird oder nicht. Wir können auch unsere Gesundheit oder die unserer Liebsten nicht steuern. Die Vorstellung von Kontrolle ist immer eine Illusion. Doch wenn diese Vorstellung unser Anspruch ist, können wir keinen inneren Frieden erleben. Wir halten uns selbst dauerhaft in Alarmbereitschaft, um einen Sturm zu stoppen, auf den wir keinen Einfluss haben und der vielleicht auch niemals kommen wird. Frieden während eines Hurrikans zu finden, der in unserem Herzen stattfindet, ist unmöglich. Es zerreißt uns. Bedenke, die Dinge, auf die wir unseren Fokus legen, wachsen in unserem Leben. Wenn dein Fokus die Kontrolle deines Umfeldes ist, die ständige Angst davor, Leid zu erleben und die Kontrolle zu verlieren, wirst du damit viel Schmerz in dein Herz und dein Leben hineinbringen.

Doch was ist hier das Gegenmittel, das Heilmittel? Es ist der Weg von außen nach innen. Du kannst dem Hurrikan in deinem Herzen begegnen. Das Wort Kontrolle ist auch hier nicht richtig, denn wir können und wollen unser Herz nicht kontrollieren. **Wir können unser Herz jedoch, Stück für Stück, in einen inneren Frieden hineinführen, indem wir auf es hören, seinen Ängsten begegnen und seinen Reichtum finden, einen Reichtum, den uns kein Lebensumstand nehmen kann.** Die Verbundenheit mit uns selbst kann für uns ein Auge im Sturm, ein windstilles Zentrum inmitten eines Hurrikans werden. Zu diesem windstillen Zentrum haben wir immer nur in diesem einen Moment, in der Gegenwart, Zutritt. Nicht in der Zukunft, nicht in der Vergangenheit. Leben ist immer nur jetzt. Frieden ist immer nur jetzt. Kontrolle loszulassen bedeutet, in diesem einen Moment anzukommen und ihn zu leben. Der Schatz ist verborgen in dem Boden, auf dem du jetzt gerade stehst. Egal, was passiert, was in all dem bleibt, ist dein Herz. Wenn du dieses mit allem Fleiß behütest, hast du immer einen sicheren Ort.

Im letzten Kapitel findest du „Moment der Annahme", eine Übung, die dir eine Möglichkeit zeigt, wie du dein Herz ganz praktisch behüten kannst, wenn du Unruhe und Unfrieden in dir verspürst. Sie ist für mich wie ein Wunder, das mich wieder mit all der Wahrheit in mir und um mich herum verbindet.

Verdiene deinen eigenen Friedensnobelpreis

Es gibt für uns keinen friedlicheren und ungestörteren Zufluchtsort als unser eigenes Herz. Schenke dir selbst diesen Ort, sei dir eine gute Freundin, lass dich nicht zurück im Sturm. Es kann eine Weile dauern, diesen Ort einzurichten, und es ist eine lebenslange Aufgabe, ihn zu behüten. Doch es lohnt sich. **Hier findest du die Ruhe, die Sicherheit und die Wegweisung, um Entscheidungen in deinem Leben zu treffen, die von deinem Herzen getragen werden.**

Wenn du dir diesen Ort zu eigen gemacht hast, darfst du dir selbst den Friedensnobelpreis verleihen, denn du stehst mutig für den Frieden ein. Frieden in der Welt beginnt in einem friedensuchenden Herzen.

Das Lied am Ende dieses Kapitels spricht von dieser Verbundenheit. Jedes Atom um dich herum schwingt in seinem Takt, genau wie jedes Atom deines Körpers. Die Sonne geht an jedem Morgen treu auf als ein Zeichen der Geborgenheit, in der du zur Ruhe kommen darfst. Das gleiche helle Licht strahlt in deinem Herzen.

In all dem kannst du Gottes Liebe finden, für dich und für diese Welt. Du bist nicht allein.

FÜRCHTE DICH NICHT

Ein Engel kam zu mir, sagt: Du bist richtig hier.
Hab keine Angst, du verirrst dich nicht, ich bin bei dir.
Ich bin dein heller Stern, du siehst mich nur von fern.
Auch wenn du mich nicht greifen kannst,
glaub mir, ich bin bei dir.

**Fürchte dich nicht, fürchte dich nicht.
Die Angst, sie hält dich zurück.
Fürchte dich nicht.**

Das Universum singt, das Licht des Lebens klingt.
Jedes Atom schwingt leise, spiegelt es, ich bin bei dir.
Egal was sonst geschieht, was dein Herz gerade sieht,
für immer bleibt, was ich dir sag, es ist: Ich bin bei dir.

**Fürchte dich nicht, fürchte dich nicht.
Die Angst, sie hält dich zurück.
Fürchte dich nicht.**

Die Knie zittern mir, Mut ist Angst plus ein Schritt.
Die Knie zittern mir, Mut ist Angst plus ein Schritt.

**Fürchte dich nicht, fürchte dich nicht.
Die Angst, sie hält dich zurück.
Fürchte dich nicht.**

Kapitel fünf

LASS DEIN ABENTEUER BEGINNEN

DIESES LEBEN
KANN IMMER NUR JETZT,
IN DIESEM MOMENT,
GELEBT WERDEN.

In uns können sich Gedanken über Gedanken türmen, Vorstellungen darüber, wer wir sind, was wir wollen oder was unser Platz im Leben sein könnte. **Doch erst, wenn wir den Mut finden, etwas auszuprobieren oder Schritte in eine bestimmte Richtung zu gehen, spüren wir, was unser Herz darüber sagt.**

In den Jahren als Pastorenfrau war ich eigentlich immer zu beschäftigt, um über meine Wünsche nachzudenken. Die Gemeinde war unsere ganze Passion, und das sollte in dieser Zeit vielleicht auch so sein. Doch als diese große Aufgabe von einem auf den anderen Tag wegbrach, war mir bewusst, dass ich nun neu wählen konnte. Ich hatte das Gefühl, dass mein ganzes Leben wie ein weißes Blatt Papier vor mir lag und ich losschreiben konnte. Doch die Fülle der Möglichkeiten überforderte mich.

Meine Coachin fragte mich damals: „Linda, was möchtest du denn eigentlich machen?" Ich hatte mir immer eingeredet, dass ich alles machen könnte, es aber nicht wollte. Ich war ja viel zu beschäftigt. Solange ich eine gute Ausrede hatte, nicht damit anfangen zu müssen, schien keine Vision zu groß. Gründe ich eine Werbeagentur? Werde ich Künstlerin? Gestalte ich Papeterie? Mache ich Musik? Unzählige Möglichkeiten kamen mir in den Sinn, doch keine zum Greifen nahe. Sie alle waren jahrelang wie Hirngespinste in meinem Kopf herumgeflogen, doch nie so nah, dass sie gefährlich ernst hätten werden können. Die Wahrheit war, dass ich mich für nichts bereit gefühlt hatte. Ich war froh gewesen, eine Aufgabe zu haben, die mir lag, bei der ich mehr als alles hatte geben können. Dieser Ort war mir sicher erschienen und ich hatte mich gebraucht gefühlt. Ich hatte nie viel Zeit in Dinge investiert, von denen ich selbst geträumt hatte, die jetzt wie tausend Möglichkeiten vor mir lagen. Das machte sie für mich scheinbar unerreichbar. Ich sagte meiner Coachin letztendlich, ich könne alles machen, zählte ein paar lauwarme Worte auf und dachte in mir drin gleichzeitig, dass ich eigentlich nichts kann.

Eine zweite aufschlussreiche Begebenheit ereignete sich auf der Suche nach einer neuen Gemeinde, der wir uns anschließen könnten. Bei dem Kennenlernabend einer Ortsgemeinde saßen wir in einer netten Runde bei Pizza und Gesprächen zusammen. Schließlich wollte der Pastor wissen, was die besonderen Begabungen jedes Besuchers waren. Ich war irritiert von der Frage und überrascht, dass fast jeder der Gäste eine Kleinigkeit aufzählen konnte – Malerei, Trommeln, Modellbau … In mir löste die Frage einen weiteren inneren Hurrikan aus. Als ich an der Reihe war, sagte ich so viel wie: „Ich mache vieles gerne, kochen, backen, malen, Gitarre spielen, zeichnen …" Ich sagte nichts und alles und war innerlich völlig orientierungslos. Ich hatte Angst, mich zu zeigen, wusste selbst nicht, was es zu zeigen gab.

Heute bin ich mir meiner Werte und meines Wunschlebens bewusster, lebe, soweit es mir möglich ist, darin und darauf zu. Doch das war, wie du gerade gelesen hast, nicht immer so. Wir können uns unser Leben lang in

Traumwelten aufhalten, ohne unsere wahren Träume zu leben.

Um herauszufinden, was wir wirklich wollen, müssen wir losgehen

Doch was ist, wenn du noch gar nicht weißt, wovon du träumst? Wie kannst du dann einen Traum formulieren?

Als ich anfing, mir Raum zu geben, war mein erster Entschluss, mir jeden Monat ein Kleidungsstück zu nähen. Und das habe ich auch getan. Um ehrlich zu sein, nähe ich gar nicht so gerne. Doch das war etwas, womit ich gleich anfangen konnte, denn für die Kinder hatte ich schon das ein oder andere genäht. Ich nahm mir Zeit, etwas zu machen, was keinen anderen Zweck erfüllte, als mir selbst etwas Gutes zu tun. Diese Nähphase dauerte, mit mittelmäßig gutem Ergebnis, genau drei Kleidungsstücke an. Doch diese Zeit war trotzdem wichtig für mich, um mich meinen eigenen Wünschen zum ersten Mal anzunähern. **Es geht nicht darum, anzukommen. Es geht darum, loszugehen.**

Ich würde sagen, wenn du bis hierher gelesen hast, ist es auf jeden Fall dein Traum, dein eigenes Herz zu finden und dein Leben zu gestalten. Wenn du noch keine Idee hast, in welche Richtung deine Reise gehen soll, womit du deinen Raum füllen möchtest (und wenn du dich nicht spontan dazu berufen fühlst, wie ich jeden Monat ein Kleidungsstück zu nähen), dann wäre das ein erster schöner Traum: „Ich möchte mein Herz finden und ein Leben gestalten, dass zu mir passt." Das könntest du auf dein Papier schreiben und ich möchte dir Mut machen, das auch wirklich zu tun. Denn allein das Formulieren dieses Wunsches kann deinen Blick schon für Neues öffnen. Unsere Träume zu formulieren, sie vor unser inneres Auge zu holen, ist sehr machtvoll. Alles ist schon da, alles ist schon in uns. Wir können es nur noch nicht sehen. Darum müssen wir dafür sorgen, dass es sichtbar wird. Wenn wir Menschen und Lebensmuster imitieren, dann haben wir Vorbilder. **Doch wenn wir wirklich das aus uns herauskitzeln möchten, was nur wir selbst sein können, dann müssen wir uns das Vorbild selbst erschaffen – durch das Formulieren unserer Träume.**

Ich selbst habe meine Träume über die Jahre immer konkreter formuliert. Es fing an mit einem kleinen Satz auf einem Blatt Papier. Irgendwann kamen Fotos dazu, zum Beispiel ein Bild, auf dem ich mit meinen Kindern Schlittschuh laufe. Es stand dafür, dass ich fit und gesund sein möchte, um meine Tage und meine Liebsten in Fülle zu genießen. Meine Fotos haben sich über die Jahre verändert. Meine Träume haben sich verändert. Je näher ich mir selbst komme, umso mehr spüre ich, was ich wirklich möchte. Heute habe ich ein Vision Board, eine „Visions-Tafel". Sie ist eine Bildergalerie von all den Dingen, die ich mir für mein Leben wünsche. Ich schaue sie immer wieder an. Es klebt ein Foto von dir darin, wie du mein Buch liest und dabei dein Herz ein kleines Stück mehr liebgewinnst.

Der erste Schritt
Der erste Schritt ist oft sehr klein, und doch kann er einem riesig vorkommen. Gerade deshalb ist es wichtig, ihn zu machen. Es geht darum, in Bewegung zu kommen. Loslaufen ist eine wunderbare Sache. Kleinkinder machen ihre ersten Schritte und können ihr Glück kaum fassen. Eine neue Welt öffnet sich, eine neue Perspektive. Aber wir Großen vergessen das schnell. Wir wollen alles von unserem Standpunkt

aus können und verstehen. So schnell denken wir, wir wüssten schon alles, verständen unsere Möglichkeiten und Unmöglichkeiten. Doch das ist nicht wahr. **Wer sich auf den Weg macht, der bleibt nicht, wo er ist. Wir laufen los, ohne genau zu wissen, was passieren wird. Das widerspricht dem Wunsch nach Kontrolle in uns, doch wer nur das Bekannte kontrolliert, wird nie dem Potenzial begegnen, das noch in seinem Herzen versteckt ist.**

Wenn wir beginnen, etwas Neues zu lernen oder offener für unser Umfeld zu werden, dann überraschen wir uns selbst. In uns steckt so viel mehr, als wir denken. Als ich damals anfing, meine Träume zaghaft in Worte zu fassen, hätte ich nie vermutet, dass ich einen Blog schreiben, Musikvideos produzieren oder gar ein Buch schreiben könnte. Konnte ich damals auch noch nicht. Doch nach ein paar kleinen Schritten in eine neue Richtung nahmen meine Ideen immer mehr Form an. Alles Neue beginnt mit einem ersten kleinen Schritt.

Dein Traum kommt auf dich zu

Wenn wir beginnen, auf unsere Träume zuzugehen, dann kommen sie uns entgegen. Wann immer du einen kleinen, mutigen Schritt aus deiner Komfortzone in eine Lernzone machst, scheint etwas Wundervolles zu passieren. Du bekommst eine Idee, du triffst jemanden, der dich unterstützt oder du hast neue Handlungsmöglichkeiten. Das geschieht aus zwei verschiedenen Gründen.

Zum einen ist es deine neue Perspektive. Wenn du selbst weitergehst, dann öffnen sich deine Augen für Möglichkeiten, Menschen und Ideen, die du vorher nicht gesehen hast. Dein Blickfeld verändert sich, weil du nicht mehr am selben Ort bist wie zuvor.

Doch nicht nur dein Blickfeld ändert sich, auch du selbst veränderst dich. Früher hat es dich all deine Kraft gekostet, dein Leben irgendwie zu bewältigen. Jetzt verbindet sich das, was du denkst, fühlst und tust mit deinem Herzen. Es entsteht echte Lebensenergie. Und mit jedem kleinen Schritt, den du verbunden mit deinem Herzen gehst, wächst ein größerer Zusammenhang und Zusammenhalt zwischen dem, was in dir passiert, und dem, was du lebst. Du bringst Licht in deine Welt und in diese Welt, ein Licht, das nur aus dir heraus strahlen kann, aus niemandem sonst. Lass nicht die Angst und das Streben nach Kontrolle deine Lebensenergie rauben. Sie schneiden dich von der natürlichen Fülle ab, die auf dich wartet. Suche immer, bei allem, was du tust, die Liebe und den Frieden in dir, und Wunder werden dir folgen.

Dein Wunder ist jetzt
Das Leben unserer Träume, ein Leben in Fülle, ist kein Ziel in weiter Ferne. Dieses Leben kann immer nur jetzt, in diesem Moment, gelebt werden. Wir können uns die Erfüllung unserer kühnsten Träume natürlich nicht in diesem Moment herbeizaubern. Doch jeder Traum ist mit einem Weg verbunden. **Wir beginnen, unseren Fuß auf diesen Weg zu setzen, wagen den ersten kleinen Schritt und dann den nächsten, und sind so, durch den Weg, schon mit unserem Traum verbunden.** Er fängt nicht erst an zu leben, wenn wir unser Ziel erreicht haben. Er beginnt, wenn wir losgehen.

Die meiste Zeit meines Lebens war für mich das Erreichen meiner Ziele das Wichtigste. Dadurch konnte ich mein Leben nicht genießen und habe unter dauerhaftem Druck gelitten. Es war eine wundervolle Sache, eine Werbeagentur aufzubauen, eine wundervolle Sache, eine Gemeinde zu gründen und zu leiten. Doch ich bin den Weg nicht in Frieden, auf mein Herz hörend, gegangen. Ich war nicht bereit, den Ausgang der Sache offenzulassen.

Wenn eine Sache in deinem Leben auf eine bestimmte Weise funktionieren muss, damit sie für dich Sinn hat, damit du glücklich bist, dann entsteht Druck. Das liegt daran, dass du dich für etwas verantwortlich fühlst, auf das du letztendlich keinen Einfluss hast: das Ergebnis. Über deine Schritte kannst du entscheiden. Was du in jedem Moment tust, wie du mit dem Leben umgehst, das liegt in deiner Hand. Doch was um dich herum geschieht, kannst du nicht kontrollieren. Es entsteht Druck, wenn du das nicht annehmen kannst. Wenn eine Sache auf eine bestimmte Weise ausgehen muss, damit du glücklich sein kannst, dann frage dich, warum. Diese einfache Frage kann viele Knoten zum Platzen bringen und dir das Loslassen erleichtern. Mit leeren Händen können wir viel besser empfangen. Und das Leben hält so viel für uns bereit.

Das ist der Grund, warum mir der Weg, der Moment, so unendlich wichtig geworden ist. Große Ziele können wir alle erreichen. Das meiste, was menschenmöglich ist, können wir erreichen, wenn wir hart dafür arbeiten. Doch ich habe am eigenen Leib gespürt, wie sehr der Wunsch nach Gelingen die einzelnen gelebten Momente zerstören kann, von denen jeder so wertvoll ist. **Der Augenblick, wenn du deinen ersten Schritt machst, der Moment, wo scheinbar gar nichts funktioniert, und auch der Moment, an dem du dort ankommst, wo du sein möchtest, das alles ist dein Leben.**

EIN TRAUM FÄNGT NICHT ERST AN ZU LEBEN, WENN WIR UNSER ZIEL ERREICHT HABEN. ER BEGINNT, WENN WIR LOSGEHEN.

Der Weg ist das Ziel
Wir glauben schnell, dass wir dauerhaft glücklich sein werden, wenn wir etwas Bestimmtes erreicht haben. Egal, wovon du träumst, das Ziel an sich wird dir nur eine Weile das gewünschte Glücksgefühl geben. Wir Menschen gewöhnen uns so schnell an unsere Rahmenbedingungen. Alles kommt uns irgendwann normal vor, wenn wir uns lange genug damit umgeben haben. Doch der Schatz, der unendlich viel Weite und Schönheit in sich birgt, ist dein Herz und seine Verbundenheit zum Leben. Es schlägt für dich und es erfüllt jeden Moment durch seine Wahrnehmung und seine Aufmerksamkeit. Dieser Herzensweg, der viele gelebte Träume einschließt, ist ein „Ziel", das dauerhaft voller Abenteuer und Schönheit steckt, dich aber nicht dazu treibt, nach jedem Erfolg den nächsten anstreben zu müssen, weil du dich schnell an den neuen Status gewöhnt hast. „Der Weg ist das Ziel" scheint ein Satz zu sein, den wir alle kennen, doch das Maß der Unzufriedenheit in unserem Herzen lässt uns sehen, wie sehr wir ihn glauben oder nicht glauben.

Auch wenn unser wahres Glück im Alltag nicht von dem Erreichen unserer Lebensträume abhängt, so brauchen wir doch eine Weiterentwicklung, ein Vorangehen, um immer wieder neue Kraft und eine neue Perspektive zu finden. Das können deine ersten aufgeräumten Schubladen, dein erster Städtetrip oder das regelmäßige Training für deinen Halbmarathon sein. Überlege dir deinen nächsten kleinen Schritt und gehe ihn. Oder setze dir ein Zwischenziel, das du auf jeden Fall erreichen kannst. So wirst du immer wieder Erfolgsmomente feiern, die dich mit neuer Hoffnung, neuer Freude und neuer Energie ausstatten und dich deinem Traum näherbringen. Die kleinen Erfolge auf dem Weg geben dir in der Summe viel mehr Glücksmomente als das große Ziel am Ende. **Der Herzensweg ist eine kontinuierliche Bewegung hin zu dir selbst, eine kontinuierliche Bewegung hin zu deinem erfüllten Leben. Der größte Erfolg, das lohnendste Ziel ist es, mit deinem ganzen Herzen in deinem Leben anzukommen und deinen Weg zu genießen.**

Lass dich nicht aufhalten
Unsere Gedanken und Gefühle sind manchmal wie verschachtelte Irrgänge oder einfach wie ein gemischter Kopfsalat. Besonders wenn wir uns auf einen neuen Weg machen, kommen immer wieder Gefühle der Angst oder laute „Protestgedanken", die uns auf gewohnten Wegen halten möchten. Sie sorgen dafür, dass wir unsicher sind, und führen uns dann an der Nase herum. Das ist so schade, denn wir möchten zu uns finden und nicht mehr umherirren. Es sind oftmals alte Gedanken und Gefühle, die uns zurückhalten. Ein Gedanke, der mir zum Beispiel immer wieder begegnet, ist der, dass ich nicht genug Zeit habe. Er wird durch ein Stressgefühl ausgelöst, das mich immer noch gelegentlich überfällt. Eigentlich wünsche ich mir, alles, was ich tue, bewusst und in Ruhe zu tun. Doch dann bin ich auf einmal in Eile, ohne dass ich es wollte. Wenn du einem solchen Gedanken begegnest, darfst du ihn zuerst prüfen: Was macht der Gedanke mit mir? Wir dürfen ihn anschauen und entscheiden, ob wir auf ihn hören möchten. Natürlich muss ich mich gelegentlich beeilen. Deshalb ist es gut, kurz innezuhalten und den Gedanken zu überprüfen. Gibt es gerade eine Notsituation, die mich zwingt, mich richtig zu sputen, oder darf ich bei mir, im Moment, in der Ruhe bleiben, so wie ich es mir für mein Leben wünsche?

Gedanken und Gefühle sind sehr wichtig, doch das Leben zu gestalten, bedeutet, sich nicht mehr von den eigenen Gedanken dirigieren zu lassen, sondern selbst zu entscheiden, welchen Weg wir gehen möchten. Bedenke: Jeder Gedanke und jedes Gefühl, das dich frustriert, beengt oder beängstigt, könnte eine Lüge in sich tragen. Deshalb ist der Friede so wichtig. Er lässt uns erkennen, woher unsere Emotionen und Gefühle kommen, aus dem Herzen oder aus alten Mustern. Durch den Frieden können wir auch unsere Gedanken prüfen.

Viele unserer Gedanken sind schon seit so vielen Jahren eintrainiert, dass sie sich nicht so schnell vertreiben lassen. Sie sitzen in unserem Kopf wie ein dickes, bockiges Monster und versuchen, uns den Weg zu versperren. Und diese Gedanken lösen auch immer noch Gefühle in uns aus. Unser Körper ist es gewohnt, diese Gefühle zu erleben, und reagiert deshalb automatisch wie immer.

Ich möchte dir eine kleine Alltagsbegebenheit erzählen, um dir zu zeigen, wie sehr unsere alten Gefühle uns noch einholen können. Es war ein wundervoller Frühlingstag. Unser alter Stadtkern begeistert mich jedes Mal, wenn ich durch die wunderschönen Torbögen laufe und an der gewaltigen Stadtmauer entlangspaziere. Ich wollte meine kleine Tochter von der Grundschule abholen, habe mich auf sie gefreut und war innerlich sehr entspannt. Als mir eine andere Mutter entgegenkam, fingen wir ein nettes Gespräch an und ich genoss die Begegnung. Doch plötzlich schlug sie mir vor, mich für den Posten des Elternbeirates aufstellen zu lassen. Sie glaubte, ich würde das sehr gut machen. Eigentlich ein Kompliment, eine nette Idee, doch in mir wurde ein Sturm ausgelöst, den ich mir beim besten Willen nicht erklären konnte. Ich dankte ihr freundlich für die netten Worte und sagte, ich würde darüber nachdenken. Auf dem Weg nach Hause fand ich kaum Ruhe und konnte auch mein kleines Mädchen nicht richtig genießen. Erst eine Weile später wurde mir bewusst, dass das alte Gefühl, jeden offenen Posten übernehmen zu „müssen", wie ich es lange in der Gemeinde empfunden hatte, noch ganz tief in mir abgespeichert war. Ohne mir aktiv Gedanken über die damalige Situation gemacht zu haben, kamen dennoch die dazugehörigen Gefühle in mir hoch.

Du siehst, nur weil wir etwas fühlen oder denken, ist es noch lange nicht wahr. Auch damals war es nicht wahr, dass ich jeden offenen Posten in der Gemeinde hätte übernehmen müssen. Doch ich glaubte es und tat es auch. Zum Zeitpunkt dieser netten Begegnung hatten mein Herz und mein Kopf schon lange verstanden, dass ich frei entscheiden durfte, was ich möchte und was nicht, doch die alten Gefühle schlummerten noch in jeder Faser meines Körpers.

Wir können Gedanken und Gefühle nicht einfach vertreiben. Wir müssen ihnen begegnen und sie annehmen. Dennoch brauchen wir unser Leben nicht von ihnen bestimmen zu lassen. Wir würden viel verpassen, wenn wir das täten.

Nimm das Monster mit

Es gibt diese wunderschöne, kleine Geschichte[2], die davon handelt, innere und äußere Hindernisse anzunehmen und dennoch weiterzugehen.

Du gehst deinen Weg und stehst plötzlich vor einer Gabelung. Hier kannst du zwischen zwei Richtungen wählen. Die eine Straße führt in eine Richtung, von der du weißt, dass sie dir nicht guttut, die andere zum Leben deiner Träume. Doch der Weg zum Leben deiner Träume wird von diesem riesigen Monster versperrt. Es sitzt dick und fett auf dem Weg und du kannst weder links noch rechts vorbei. Geradeaus gehen kannst du natürlich auch nicht und das Biest macht keine Anstalten, sich auch nur einen Millimeter zur Seite zu bewegen. Das Einzige, was du tun kannst, ist, das Monster mitzunehmen. Setze es auf deinen Karren, ziehe es hinter dir her und wähle frei, welchen Weg du einschlagen möchtest.

Natürlich ist die Reise etwas beschwerlicher, wenn du dieses zottelige Tier dabeihast, doch kein Gefühl bleibt ewig. Irgendwann wird dein Begleiter von selbst aussteigen.

Unsere Monster wollen uns den Weg nicht versperren. Sie wollen gesehen und angenommen werden. Nichts in dir will dir Schlechtes. Fühlt sich etwas so an, dann umarme es, setze es auf deinen Karren und nimm es mit auf den Weg – und dieser wird frei sein.

Werde aktiv – Gedanken sind eine Tat
Auch wenn angstvolle Gedanken und Gefühle uns immer noch begleiten, so haben wir doch großen Einfluss auf unsere Innenwelt. Sie nimmt mit der Zeit die Stimmung und den Klang unserer Gedanken an. Der Beweis dafür sind gerade die alten Gedanken und Gefühle. Wir haben sie so oft wiederholt, dass unser ganzes Inneres von ihnen beherrscht wird. Doch du hast begonnen, einen neuen Weg einzuschlagen. Du spürst in dich hinein, entdeckst immer mehr, wer du bist, was dir wichtig ist, und langsam entstehen neue Gedanken voller Hoffnung und Frieden.

Deine neuen Gedanken kannst du ganz aktiv gestalten. Hierbei ist es wichtig, dies in deinem Tempo und deiner

Größe zu tun. Einen Gedanken einfach ins Gegenteil zu wenden, kann dich unter Druck setzen, weil dein Herz vielleicht nicht hinterherkommt, der Kontrast zu groß ist. Umgekehrte Gedanken können dich auch auf neue, eigenartig konstruierte Wege führen, die dich genauso einengen wie die alten Gedanken. Deshalb ist es sehr wichtig, bei neuen Gedanken in dich hineinzuspüren. Was macht der Gedanke mit dir? Setzt er dich unter Druck oder zaubert er dir ein Lächeln auf dein Gesicht?

In meinem Beispiel von eben habe ich dir von meiner Überzeugung erzählt, für jede ungelöste Situation, jeden offenen Posten in der Gemeinde verantwortlich zu sein. Die reine Umkehrung wäre gewesen: „Ich bin für nichts verantwortlich". Doch das stimmt auch nicht. Ich mag es, Verantwortung zu übernehmen in den Bereichen, die mir etwas bedeuten, und in dem Rahmen, in dem es mir möglich ist. Mein neuer Gedanke war also: „Ich darf frei wählen, was ich tun möchte". Das ist keine Umkehrung, es ist ein neuer Gedanke, der mir zeigt, dass ich meine Entscheidungen frei treffen kann und darf. Dieser Gedanke bezog sich auf die Art und Weise, wie ich mein Leben gestalte.

Es gibt auch Gedanken, die sich direkt auf mich als Person beziehen. Vielleicht denkst du: „Ich bin dumm." Das ist einer der Gedanken, den ich mir oft zugesprochen habe. Ein „Ich bin klug" wäre die Umkehrung, doch um mich mit diesem Satz anzufreunden, brauchte ich eine Ergänzung. „Ich bin klug, doch ich denke langsam." Mit diesem neuen Gedanken fühle ich mich wohl. Manchmal verstehe ich etwas für mein Empfinden nicht schnell genug. Dann nehme ich mir Zeit, mich darauf einzulassen, denn ich bin klug und darf mir Zeit nehmen, um etwas zu verstehen.

Bei unseren neuen Gedanken geht es immer darum, dass sie uns in die Freiheit führen, dass sie Mauersteine einstürzen lassen. Sie sollen uns Möglichkeiten eröffnen, anstatt uns festzunageln. Es geht darum, dieses festgefahrene Bild von uns und unserem Leben abzulegen, das unsere Geschichte uns eingeprägt hat. Das Leben ist weit und hell und voller Möglichkeiten. Schenke dir selbst diese Weite durch deine neuen Gedanken und achte genau darauf, dass du dich nicht durch andere Sätze erneut in die Enge treibst, weil sie nicht im Einklang mit deinem Herzen formuliert sind.

Wenn du einen neuen Gedanken gefunden hast, der dich zum Lächeln bringt, dann ist es Zeit, ihn zu wiederholen. Die alten Sätze können wir nicht vertreiben. Sie bleiben so lange, bis sie von selbst gehen – wie das Monster, das in unserem Karren sitzt. Diesen Zeitpunkt können wir nicht bestimmen. Doch wir können die neuen Gedanken wiederholen und so dafür sorgen, dass sich die gelernte Struktur in unserem Gehirn verändert.

Ich möchte dir Mut machen, dir zwei oder drei Sätze zu notieren, die dein Leben mit Weite füllen. Gestalte dir eine schöne Karte und hänge sie in dein Büro, an deinen Spiegel im Bad oder wo auch immer du sie im Blick hast. Und dann sprich sie aus, am besten laut. **Fülle dein Inneres mit neuen Farben, mit neuen Klängen, und spüre, wie sie immer mehr Raum einnehmen, wie sie dich befreien und aus deinem Versteck herauslocken.**

Anfangs erscheinen dir diese neuen Worte vielleicht komisch. Dein Verstand glaubt und versteht sie, doch deine Gefühle und deine Taten passen noch nicht dazu. Das ist normal. Stell dir vor, du findest eine neue Jacke. Sie ist viel zu groß, doch du bist davon überzeugt, dass sie dir perfekt stünde, würde sie dir nur passen. Genau so kann sich ein neuer Gedanke anfühlen. Als Erwachsene wachsen wir meist nicht mehr in viel zu große Jacken hinein. Doch unser Inneres verändert sich ständig. Unser Unterbewusstsein ist unendlich und grenzenlos. Da ist eine zu große Jacke wirklich kein Hindernis. Gib dir einfach etwas Zeit. In manche Gedanken wachsen wir sehr schnell hinein, für andere brauchen wir viel Zeit. Kuschel dich in sie hinein, spüre den Stoff, genieß die Wärme und sei schon jetzt dankbar für den Tag, an dem du das geworden bist, was du sein möchtest. Er wird kommen.

Die Macht der kleinen Schritte
Etwa ein Jahr, nachdem meine inneren Umbrüche begonnen hatten, entstand mein Wunsch, darüber zu sprechen. All die Gedanken der letzten Monate mussten in Worte gefasst werden. Ich wollte mich selbst sortieren und ich wollte all diese Hoffnung, die in mir entstanden war, teilen. Unter dem Namen „Das neue Normal" startete ich 2020 einen Blog und fing an zu schreiben. Mein erster Artikel erschien unter dem Titel „Die Macht der kleinen Schritte". Was in den darauffolgenden zwei Jahren entstanden ist, hätte ich niemals für möglich gehalten. Ich habe so vieles gelernt, mich selbst immer wieder überrascht. Ich habe gelernt, dass ich immer nur genug Mut für den nächsten Schritt brauche, nicht für meine ganze Reise. Und wer losgeht, der bleibt nicht stehen. Es ist das Natürlichste auf der Welt, dass wir uns fortbewegen, wenn wir einen Schritt vor den anderen setzen. So schnell fühlen wir uns unfähig oder überfordert, wenn wir eine Idee haben, für deren Umsetzung wir uns nicht bereit fühlen. Doch wenn man etwas zum ersten Mal macht, ist es normal, dass man sich nicht sofort bereit fühlt. **Man wird bereit für eine Sache, indem man sich ihr mit kleinen Schritten annähert.**

Und wenn es nicht funktioniert?
Vielleicht bist du noch ein wenig skeptisch und fragst dich: „Was ist, wenn es nicht funktioniert?" Du hast recht, du hast nie die Garantie, dass etwas so funktioniert, wie du es dir vorgenommen hast. Das Leben ist immer in Bewegung und du weißt nicht, was dir auf dem Weg begegnet. Und auch du selbst steckst voller Überraschungen. Du kannst auf dem Weg erkennen, dass du eine andere Abbiegung nehmen

willst. So entwickelst du dich und so entwickelt sich dein Leben. Doch egal wie dein Plan aufgeht, du hattest bis dahin mit Sicherheit eine bessere Zeit als jemand, der seine Tage dahinplätschern lässt und keinen Sinn finden kann. Es ist besser, dich auszuprobieren, deinen Weg zu suchen, dich selbst zu suchen, anstelle aus Angst davor, etwas Falsches zu machen oder zu „versagen" einfach nichts zu tun. Solange du auf der Suche bist, neugierig, offen und spielerisch, solange bist du angekommen. Überfordere und überhole dich bei all dem niemals selbst. Denke daran, es geht darum, deine Tage zu genießen, sie auszufüllen mit Leben. **Es geht nicht darum, etwas zu leisten. Allein die Tatsache, dass du da bist, ist schon herrlich.** Nur merken wir manchmal gar nicht, dass wir da sind, weil wir uns keine Aufmerksamkeit schenken. Egal, ob es die erste Schublade ist, die du ausmisten möchtest, dein erstes Training für den Marathon oder dein erster Ton auf einem Instrument, egal, was dein Ziel ist, bewege dich mit kleinen Schritten in seine Richtung! Nicht, um Anerkennung zu bekommen, um vor den Augen anderer erfolgreicher zu sein, nein, es geht um dein persönliches Glück. Vielleicht ist auch dein erster Schritt, häufiger Nein zu sagen oder dir mehr Pausen zu gönnen. Was möchtest du tun? Mache all die kleinen Schritte und schau, wie es dich verändert, was es mit dir macht. Das ist der Weg, der dich lebendig macht, unabhängig von dem letztendlichen Ergebnis.

Falsche Zeit, falscher Ort

Vielleicht sagst du auch: „Es ist einfach nicht die richtige Zeit dafür." Gerade, wenn wir uns in einem Sturm von Aufgaben und Verpflichtungen befinden, sagen wir diese Worte sehr schnell. Vielleicht musst du gerade so viele Überstunden machen, dass du nur noch an dein Bett denken kannst. Vielleicht bist du eine alleinerziehende Mama, die Kind, Job und Haushalt jongliert und nie mit der Arbeit fertig wird. Oder du leidest unter chronischen Schmerzen. Es kann sein, dass du in einer Situation bist, die dir scheinbar keinen Raum für „Spielereien" lässt. Doch ich möchte dir Mut machen, gerade dann mit Spielereien zu beginnen. Damit meine ich nicht, dass du etwas völlig Neues beginnen sollst, wenn du gerade in einer heißen Projektphase bist oder mitten in Prüfungen steckst. Natürlich gibt es immer wieder Phasen, die unsere ganze Aufmerksamkeit brauchen. Doch wenn diese Phase dein Leben ist, dein Dauerzustand, dann kann der Satz „Es ist nicht die richtige Zeit" ein Trostpflaster werden, das dich im Funktionsmodus hält und dein Leben an deinem Herzen vorbeiziehen lässt. Zehn Minuten mit etwas zu verbringen, was dich erfüllt, erfrischt, wachsen lässt, was nicht dazu beiträgt, dass du funktionierst, dass dein Alltag funktioniert, kann dir so unfassbar viel Kraft geben für all die anderen Aufgaben, die auf dich warten. Wir denken so schnell, dass wir unheimlich viel Zeit brauchen, um uns selbst Raum zu geben. Doch das stimmt nicht. Vielleicht fängst du an, zehn Minuten am Tag in einem Buch zu lesen über ein Thema, das dich schon immer fasziniert hat, für das du aber noch nie Raum hattest.

Wenn du beginnst, eine Stelle in dir mit einem kleinen Abenteuer zu füllen, dann kann dieses wachsen, Stück für Stück, ganz langsam, in dem Rahmen, wie es eben möglich ist. Doch es macht etwas mit dir. Du bist nicht mehr das Opfer deines Lebens, deiner Rahmenbedingungen. Du beginnst, einen ganz kleinen Teil in deinem Leben zu ergreifen, zu gestalten, genau so, wie du es möchtest. Und das verändert alles. Dein Leben ist nie zu voll, um mit ganz kleinen Schritten den Dingen Raum zu geben, für die dein Herz schlägt. Egal, wie „unwichtig" dieser Wunsch erscheinen mag, wenn dein Herz sich danach sehnt, dann ist es wichtig. Nur so kannst du wirklich bei dir ankommen, wenn du deine eigene Herzensstimme wahrnimmst und dann nach ihr handelst.

Wenn du wirklich an dem Punkt bist, wo du sagst: „Es geht auf gar keinen Fall", dann möchte ich dir Mut machen, dir Hilfe zu holen. Ob es die Nachbarin ist, die deine Kinder mal für eine Stunde beaufsichtigt, oder der Pizzaservice, der dir das Kochen abnimmt. Oft haben wir erst den Mut, um Hilfe zu bitten, wenn wir keinen anderen Ausweg sehen. Doch Menschen helfen auch schon vorher gerne. Es kann auch eine Idee sein, eine Lebensberatung zu besuchen, um dir Rat zu holen, wie Hilfe aussehen könnte, wie du vielleicht etwas verändern kannst. Ich erinnere mich, wie ich in einer Beratung saß und die Dame mich schockiert fragte: „Gibt es bei dir wirklich nie Tiefkühlpizza?!" Nein, gab es damals nicht. Doch ihre Irritation über meine in ihren Augen komplizierte Lebensweise hat mir viele Türen zu mehr Einfachheit geöffnet. **Alles hat seine Zeit.** Der Pizzateig, der viele Stunden geht und liebevoll belegt wird, und auch die Tiefkühlpizza.

Dein Weg ist einzigartig. Dein Herz ist einzigartig. Schaue nicht nach links, schaue nicht nach rechts. Schaue nach innen. Was möchtest du jetzt tun? Wie kann dein erster kleiner Schritt aussehen? Dieser erste Schritt kann ein ganzes Universum in Bewegung setzen.

DIESER MOMENT

Ich hab Füße in den Schuhen und im Kopf hab ich ein Bild,
einen Kompass in der Tasche und Vertrau'n,
dass es schon wird.
Und die Richtung, die ich gehe, sie gestaltet meinen Tag.
Und das Ziel, es kommt erst morgen.
Heute ist das, was ich hab.

Wenn ich mehr will, als ich habe, besser sein will, als ich bin,
Hoffnung suche ganz wo anders, nicht wo meine Füße sind,
zieh'n mich Wunden tief von früher
oder Angst vor dem, was wird,
aus dem wundervollen Leben, was an mir vorbei passiert.

Denn egal wohin ich will, ob ich ankomm',
weiß ich nie genau.
Doch mit jedem kleinen Schritt und der
Hoffnung fest im Blick leb ich ...

**... diesen Moment, oh, diesen Tag,
mehr ist's nie, was ich bin, mehr ist's nie, was ich hab.
Dieser Moment, oh, dieser Tag,
mehr ist's nie, was ich bin, mehr ist's nie, was ich hab.**

Manchmal sind die Wege steinig, alte Fäden ziehen fest.
Und ich spüre, dass das Leben sich nicht
kontrollieren lässt.
Und dann schau ich auf den Kompass und ich
wage einen Schritt.
Voll Vertrauen in das Leben, dass es wieder besser wird.

Denn egal wohin ich will, ob ich ankomm',
weiß ich nie genau.
Doch mit jedem kleinen Schritt und der
Hoffnung fest im Blick leb ich ...

... diesen Moment, oh, diesen Tag,
mehr ist's nie, was ich bin, mehr ist's nie, was ich hab.
Dieser Moment, oh, dieser Tag,
er ist das, was ich bin, er ist das, was ich hab.

Kapitel sechs

VERTRAUEN FINDEN UND LOSLASSEN

UNSER HERZ MÖCHTE
VERTRAUEN.
ES MÖCHTE SICH
GEBORGEN
UND SICHER FÜHLEN.

DAS IST SEINE NATUR.

Das Vertrauen zieht sich wie ein goldener Faden durch jede Seite dieses Buches. Zum Beispiel ist immer wieder der Gedanke angeklungen, wie wichtig es ist, dass wir loslassen können. Doch das geht nur, wenn wir mit dem Guten rechnen können. Doch wie ist das möglich?

Albert Einstein hat einmal gesagt: „Unsere wichtigste Entscheidung ist, ob wir das Universum für einen freundlichen oder feindlichen Ort halten." Was glaubst du? Unser Verstand kann diese Frage nur schwer beantworten. Wir haben zu viele Fakten für beide Antworten. Doch dein Herz hat eine Weisheit, die über deinen Verstand hinausgeht. Die Antwort deines Herzens zu finden, auf seine Stimme zu hören, bedeutet noch viel mehr, als deine Persönlichkeit, deine Wünsche und Träume zu entdecken. In unserem innersten Kern, unserem Herzen, sind wir verbunden mit etwas Größerem, etwas Unendlichem. **Von dieser schöpferischen Quelle geht alles Leben, alle Schönheit und ein großer Strom von bedingungsloser Liebe aus. Wenn du beginnst, nur einen Hauch darauf zu vertrauen, dann fängt diese Liebe an, dein Herz zu erfüllen.** Du berührst dein Urvertrauen. Mit diesem bist du auf die Welt gekommen, es ist ein fester Teil deines Herzens, den du verlernt hast, wahrzunehmen.

Du darfst das göttliche Licht einfach scheinen lassen. Die Weisheit unseres Herzens, verbunden mit etwas, das viel größer ist als wir selbst, ist das Natürlichste, Ursprünglichste auf der Welt, und doch reden wir gerade bei diesen Dingen vom Übernatürlichen. Unser Handeln, Regeln und Formen können wir formulieren, erklären und begründen. Doch die schönsten Dinge sind oft am schwersten zu beschreiben. Das Herz, Gottes Liebe, eine spirituelle Verbundenheit zwischen uns und etwas so Wundervollem, dass unser Verstand es nicht greifen kann – diese Dinge kann nur jeder für sich finden. In der Natur, im Gebet, in der Meditation … Da wo du ganz bei dir bist, findest du dich und auch das Größere.

Viele Jahre habe ich als Pastorenfrau versucht, Menschen diese für mich so tief verankerte Wahrheit zuzusprechen. Sie hatte meinem Verstand, meinem Kopf, so viel Trost gegeben. Mein angenommener Glaube allein hatte mir schon so viel geholfen, mich durch all mein Leid getragen. Nach wie vor bin ich davon überzeugt, dass ein mutmachendes Wort unheimlich viel Licht in eine dunkle Situation bringen kann. Auch über die Größe und Liebe Gottes zu sprechen, das Vertrauen darin, dass uns alles zum Besten dient – ich liebe es. Und zugleich ist mir heute bewusst, dass dieser Weg nur über das eigene Herz gegangen werden kann. Nur wer bereit ist, seinem eigenen Herzen zu begegnen, kann Gott finden. Nur wer bereit ist, seinem eigenen Herzen zu begegnen, kann dem Größeren begegnen. **Das Herz ist der Begegnungsort.** Du kannst an eine Theologie glauben, dich einer Religion anschließen, von etwas ganz und gar überzeugt sein, doch eine tiefe Begegnung mit der Liebe, die das ganze Universum zusammenhält, können wir nur erleben, wenn wir über unser eigenes Herz gehen, uns selbst anschauen und wahrnehmen. In dem Maße, wie du dein eigenes Herz annimmst und erkennst, kannst du Gott erkennen.

Theologie, Religion, Kirchen und Meinungen, alles hat seinen Platz, seine Zeit. Als für mich die Zeit kam, mich nach innen zu wenden, das anzunehmen, was ist, die Konstrukte einbrechen zu lassen, habe ich in mir mehr Fragen als Antworten gefunden. Doch in all dem war Gott. Das Verstehen von all dem Göttlichen, das früher für mich so wichtig war, wurde durch eine Begegnung mit ihm, an einem Ort, der mir zuvor nicht zur Verfügung stand, ersetzt. Gott, diesen Strom der bedingungslosen Liebe, brauchen wir nicht außerhalb von uns zu suchen. Ich bin der Meinung, wenn wir ernstlich unser Herz suchen, werden wir dort alles andere finden. Nur dort können wir das wahrnehmen, was größer ist als unser Verstand – egal ob es unsere eigene Größe ist oder die Größe und Bedeutung von allem anderen. Ich versuche nicht mehr, all das zu erklären, zu verstehen, mit der tiefen Hoffnung – um es in Rilkes Worten zu sagen – „eines fremden Tages, ohne es zu merken, in die Antworten hineinzuleben". Die Antworten werde ich genießen wie eine schöne Blume am Wegesrand oder das Lachen meiner Kinder, doch ich brauche sie nicht für ein erfülltes, glückliches Leben. Ich brauche sie nicht, um mein Vertrauen ins Leben zu untermauern. **Ich bin verbunden, ich bin sicher.** Warum? Zum einen, weil ich gelernt habe, mir selbst zu vertrauen. Wenn mein Herz spricht, dann reagiere ich, dann höre ich zu. Ich lasse mich nicht mehr selbst ins offene Messer laufen. Und zum anderen weiß ich, dass dieses Herz verbunden ist mit etwas, das so viel größer und weiser ist als ich selbst. Alles, was ich brauche, werde ich wissen. Der Weg, den ich verbunden mit meinem Herzen gehe, ist sicher. Diese Gewissheit ist mein Urvertrauen. Doch wie können wir unser Urvertrauen finden?

Wie wir zu unserem Urvertrauen zurückfinden
Unsere Geschichten haben uns geprägt. Viele angstvolle, begrenzende Gedanken sind ein fester Teil unseres Wesens geworden. Diese Gedanken und Gefühle können wir nicht beiseiteschieben. Sie sind ein Teil von uns und müssen sich langsam, in ihrem Tempo, abbauen. Zu unserem Urvertrauen zurückzufinden, ist wie eine Salbe, die wir auf diese alten Wunden auftragen. Doch wie entsteht Vertrauen, wenn unsere Geschichte uns anderes gelehrt hat?

Ich möchte einen kleinen Umweg gehen, um meinen Gedanken greifbar zu machen, und beginne mit einer Frage. Wie entsteht Vertrauen zu einem anderen Menschen? Es entsteht dadurch, dass er wiederholt sein Wort hält. Ich vertraue einem Menschen, wenn er seine Zusagen einhält, zu verabredeten Terminen kommt, Geheimes für sich behalten kann, wenn er mir zuhört und auf das Gesagte in einer aufmerksamen Weise reagiert. Dieses Verhalten muss sich wiederholen. Vertrauen ist etwas, das aus Erfahrungen heraus entsteht. Wenn mein Gegenüber nicht in meinem Sinne handelt, Geheimnisse weitersagt oder Zusagen nicht einhält, dann werde ich zu dieser Person kein Vertrauen aufbauen.

Unser Herz möchte vertrauen. Es möchte sich geborgen und sicher fühlen. Das ist seine Natur. Doch wenn wir unser Herz lange ignoriert haben, wie kann es uns dann vertrauen, wie können wir Selbstvertrauen haben? Das Vertrauen muss wachsen, indem wir wiederholt für uns da sind. Wenn wir beginnen, uns selbst wahrzunehmen, zu spüren, zu hören was unser Herz sagt und dann darauf reagieren, dann ist unser Herz außer sich vor Glück. Und wenn sich dieser Prozess wiederholt, dann entsteht langsam, Stück für Stück, ein Vertrauen uns selbst gegenüber.

Du kannst dich auf dich selbst verlassen. Diese Entwicklung verändert dein Leben fundamental, du wirst selbstbewusst, in dir wächst Selbstvertrauen.

Wir denken so schnell, dass Selbstvertrauen angeboren ist oder etwas mit den Begabungen zu tun hat, die wir vorzuweisen haben. Doch das ist nicht wahr. Selbstvertrauen hat der, der sich selbst vertrauen kann, weil er sich bewiesen hat, dass er vertrauenswürdig ist. Zeige dir, dass du für dich da bist, und du wirst staunen, wie sehr sich deine Haltung und deine Stärke entwickeln. Du wirst selbstbewusst.

Doch wie ist es mit Gott, und wie kannst du ins Leben vertrauen? Ich habe viel über Gott gelernt und gelehrt. Ich habe mich immer danach gesehnt, ihm ganz und gar zu vertrauen, mich dafür ausgesprochen, dass er vertrauenswürdig ist, dass ich sicher bin. Und dennoch habe ich all meine Sicherheitsnetze aus Leistung und Kontrolle nicht aufgegeben. Wie konnte das sein? Diese Frage hat mich lange gequält, besonders in den Jahren, in denen ich unter meinem eigenen Druck gelitten habe.

Das wahre Leben kann nur von einem lebendigen Herzen empfangen werden. Wer sich selbst verleugnet und ablehnt, der kann kein natürliches Vertrauen zu Gott und dem Leben aufbauen. Das Vertrauen in etwas Größeres ist dann auch ein Konstrukt, das gelegentlich hält, das in den großen Stürmen aber doch lieber zu den vermeidlichen Rettungsankern der Kontrolle greifen möchte. Es bleibt dabei, dass letzten Endes alles, was uns im Leben wirklich trägt, über das Herz gehen muss. Wer diese Quelle umgeht, der kann die Liebe nicht berühren, nicht die eigene, nicht die göttliche.

All die Worte scheinen mir beim Schreiben so klein, zu schwach, um das Herz zu berühren, da ich so viele Jahre verzweifelt nach diesem friedvollen Vertrauen gesucht habe, ohne es zu finden, trotz kluger Worte, die ich gelesen habe. Ich weiß nicht, wo du stehst, ob du an Gott glaubst, ob du suchst oder schon gefunden hast. Ich weiß jedoch, dass du dein Herz finden möchtest, und damit suchst du auf jeden Fall etwas Größeres. Wenn du dich von Herzen auf diesen Weg einlässt, dann wartet ein Wunder auf dich. Also geh den ersten Schritt, zeige dir, dass du vertrauenswürdig bist. Und plötzlich, ohne dass du es gemerkt hast, fängst du an, dem Leben zu vertrauen, mit dem Guten zu rechnen. Es braucht Zeit, Vertrauen braucht Zeit, doch es ist deine eigentliche Natur. Als Neugeborenes bist du mit purem Vertrauen im Herzen auf die Welt gekommen, erst mit dem Älterwerden ist es dir schwerer gefallen. Doch das Vertrauen war nie weg, es war immer da, es möchte freigelegt werden, damit du das Leben in Fülle genießen kannst.

Eine Bewegung Richtung Himmel
Das Streben nach Kontrolle führt unser Urvertrauen in eine kontinuierliche Abwärtsspirale. Je mehr wir versuchen, uns und das Leben zu kontrollieren, desto mehr verlieren wir die Verbindung zu unserem inneren Frieden. Unser Verstand macht all diese Pläne, wie das Leben laufen soll und was wir dafür zu leisten haben. Doch unser Herz weiß, dass Kontrolle eine Illusion ist. Das Herz hat eine Weisheit, die unser Kopf niemals greifen kann. Ignorieren wir diese, entsteht eine Spannung, eine Abspaltung in uns selbst, die uns dazu bringt, uns nicht mehr zu vertrauen, der Kopf nicht dem Herzen und das Herz nicht dem Kopf. All diese Prozesse laufen unterbewusst ab. Doch sie erklären ein kleines Stück, warum wir uns selbst so gefangen halten, warum uns das Loslassen

so schwerfällt. Loslassen ohne Vertrauen darauf, dass alles gut wird, ist undenkbar. Doch es gibt einen Weg hinaus aus dieser Abwärtsspirale. Oder noch schöner: Wir drehen die Spirale um und bewegen uns Richtung Himmel.

Ich erinnere mich gut an das letzte Jahr unserer Gemeindezeit. Die Umstände waren sehr mühsam geworden. Wir waren ausgebrannt, das Team, nach dem wir uns nun schon Jahre sehnten, schien erneut in weite Ferne gerückt, denn eine Familie, die uns die Arbeit erleichtert hatte, war, wie schon so viele zuvor, in eine andere Stadt gezogen. Meine Nerven lagen blank, doch ich wusste, dass ich mein Problem nur in mir drin lösen konnte. Die äußeren Umstände waren gesetzt, ich konnte nichts daran ändern. Ich konnte meinen Mann nicht zwingen, gesund zu sein, ich konnte keine Familie dazu bringen, in Frankfurt zu bleiben. Doch wie konnte ich das Problem in mir lösen? Ich spürte eine erdrückende Last, selbst alles zusammenhalten zu müssen. Die panische Angst in mir, dass unser ganzer Traum zusammenbrechen würde, dass alles zusammenbrechen würde, machte es mir unmöglich, loszulassen. Wie oft war ich in meinem Leben schon in dieser Situation gewesen. Wenn etwas gut lief, verspürte ich den Druck, es aufrecht erhalten zu müssen. Wenn etwas schieflief, überkam mich die Panik, es retten zu müssen. Das ist heute nicht mehr so. Und ich teile mein, für mich lebensrettendes, Geheimnis, das ich damals nicht kannte, mit dir.

Das Geheimnis, das Vertrauen aktiviert
Das Geheimnis zu all der Freiheit, die ich heute leben darf, lag nicht nur im Loslassen, sondern auch im Annehmen. Was ist, wenn nicht immer alles perfekt sein muss? Wenn nicht

immer alles optimal laufen muss? Was, wenn es noch viel mehr Möglichkeiten gibt, als ich sie mir in meinem Kopf vorstellen kann? All das Schöne, die Leichtigkeit und die Freude können wir nur in Gänze wertschätzen und genießen, wenn wir auch Leid und Schmerz kennen. Diese beiden gehören zusammen wie Tag und Nacht, wie Flut und Ebbe. Es gibt auf dieser Welt keine Freude ohne Leid. Kein Glück ohne Unglück. Wenn du einen Berg erklimmst, musst du unweigerlich auch wieder ins Tal hinabsteigen. Würdest du krampfhaft versuchen, auf dem Berg zu verharren, würdest du irgendwann vor Langeweile eingehen. Doch wie kommst du dahin, das Leid annehmen zu können, das Schwere auszuhalten?

Um dein ganzes Leben zu umarmen, musst du aufhören, die einzelnen Geschehnisse und Empfindungen zu bewerten. Du kannst aufhören, dein Leben als „gut" oder „schlecht" zu bewerten. Du kannst aufhören, deine Gefühle als „richtig" oder als „falsch" einzuordnen. In uns drin erleben wir so viele Emotionen. Manche von ihnen sind uns sehr angenehm, andere lehnen wir ab und wollen sie möglichst schnell los werden. Doch was wäre, wenn alle Empfindungen einfach zu deinem Leben dazugehören dürften, ohne dass du sie bewerten musst? Was wäre, wenn du sie als unterschiedliche Farben in demselben, vielschichtigen Emotionsfeld wahrnehmen könntest? Das Wissen, dass es kein Glück ohne Unglück gibt, dass Freude und Leid sich bedingen, kann dir dabei helfen, die Sorgen loszulassen, den Moment anzunehmen und friedvoll im Vertrauen zu bleiben.

Immer wieder überfällt uns das Gefühl von Angst, die Sorge, dass etwas Schlimmes passieren könnte. Für mich war es damals der Gedanke, dass unsere Gemeinde zusammenbrechen könnte. Wenn ich mein Leben gedanklich an mir vorbeiziehen lasse, fallen mir unzählige Zeiten voller Sorgen ein. Als mein Mann krank war, hatte ich Angst, ihn für immer zu verlieren. Als meine ältere Tochter in die Schule kam, hatte ich Angst, dass sie abgelehnt werden könnte, so wie ich es erlebt hatte. Diesem Gefühl der Angst können wir die Wucht nehmen, wenn wir uns mit der Tatsache versöhnen, dass Höhen und Tiefen zu unserem Leben dazugehören. Es gibt um uns herum keine Sicherheit, keine Garantie, dass alles so kommt, wie wir es uns wünschen. Dieses Wissen anzunehmen, lässt uns aus der Abwärtsspirale der Kontrolle ausbrechen und legt den Weg zu unserem Herzen frei, dem einzigen Ort, an dem wir immer sicher sind. Lange Zeit habe ich mich geweigert, die Kontrolle abzugeben. Lange Zeit hatte ich das Gefühl, mich und die ganze Welt retten zu müssen, das Schwere mit aller Kraft ausmerzen zu müssen. Doch ich habe gelernt, dass das nicht geht und auch nicht mehr mein Ziel ist. Die tiefen inneren Prozesse, die Heilung und Frieden bringen, sind etwas sehr Natürliches und viel mehr verbunden mit dem, was in uns passiert, als mit dem, was um uns herum passiert. In unserem Herzen sind wir beschenkt mit einem Leben, das in unendlicher Schönheit pulsiert, und wir sind in natürlichster Weise verbunden mit einem Gott, der uns täglich mit Strömen der Liebe übergießt und uns hilft.

Deine sorgenvollen Gedanken
ziehen Leid in einen Moment,
der eigentlich sehr schön sein könnte.

**In guten wie in schlechten Zeiten –
wegrennen gilt nicht**

Unser alltägliches Unglück kommt selten von dem, was wir gerade, in diesem Moment, erleben. Doch unsere Gedanken schweifen immer in die Vergangenheit oder die Zukunft. Das zu verstehen ist ein Schlüssel. **Deine sorgenvollen Gedanken ziehen Leid in einen Moment, der eigentlich sehr schön sein könnte. Doch wenn du dich ganz und gar auf diesen einen Moment fokussierst, kannst du so viele Sorgen loslassen.**

Ein kleiner Trick, mit dem du deine Gedanken für einen Moment stoppen kannst: Denke ganz bewusst: „Was werde ich wohl als Nächstes denken?" So holst du deine Gedanken in die Gegenwart, und damit kommen sie nicht zurecht. Sie schweigen für einen Moment und du bist ganz im Hier und Jetzt.

Doch was, wenn es dir im Hier und Jetzt gar nicht gefällt? Was, wenn dein Tag dich überfordert, wenn alles drunter und drüber geht? Vielleicht versuchst du dann – so wie auch ich früher – deine Schmerzen und Sorgen mit schönen Gedanken wegzureden. Aber dadurch lösen sie sich leider nicht auf. Deine Situation erzeugt in dir ein Gefühl, durch das sich dein Erleben zum Ausdruck bringen möchte. Wenn du dein Leid ignorierst oder verdrängst, dann verstärkt es sich nur. Das habe ich über Jahrzehnte gemacht. Für den Moment kann es vielleicht betäubt werden, doch das Leid bleibt in dir. Es sammelt sich an und wächst zu einem riesigen Berg, um den du irgendwann nicht mehr herumkommst. Ist etwas schwer, dann lass es da sein. Spüre auch das Schwere in genau diesem Moment. **Wenn du das Leid gesehen und umarmt hast, dann kann es weiterziehen. Etwas zu**

durchleiden kann ein wundervoller, heilender Prozess sein. Ich erinnere mich an die zahllosen Tränen, als meine Zeit des Wahrnehmens und Annehmens endlich gekommen war. Ich habe vier Monate geweint, so groß war mein innerer Leidensberg. Doch in all der Traurigkeit habe ich gespürt, dass es nun Zeit ist, dieses Leid zu leben. Und so paradox es auch klingen mag, selbst das Trauern an sich hatte seine eigene Schönheit. Zu spüren, dass die Trauer Raum nehmen darf, dass ich, mit allem, was ich bin, Raum nehmen darf, hat mich von einer schweren Last erlöst.

Egal ob du gute oder schlechte Zeiten erlebst, deine Gedanken holen dich immer aus dem Hier und Jetzt heraus in Szenarien der Vergangenheit oder Zukunft. Lerne, die Gedanken vorbeiziehen zu lassen und ganz im Moment zu sein, wahrzunehmen. Wenn du Wäsche faltest, dann tue es ganz bewusst. Spüre den Stoff, der über deine Hand gleitet. Nimm ihren frischen Geruch wahr. Spüre jede deiner Bewegungen und schenke deinem Körper Aufmerksamkeit. Wie fühlt er sich gerade an? Wenn du isst, dann kaue aufmerksam. Nimm den Geschmack und den Duft deiner Speise wahr. Versuche, deine Aufmerksamkeit ganz auf das zu richten, was dir in diesem Augenblick begegnet, und auf das, was du selbst tust. Wenn du diese Übung immer mal wieder in deinen Alltag integrierst, dann wirst du auch in schwierigen Situationen schneller in das Hier und Jetzt zurückkommen können.

Wenn die Gedanken zu penetrant sind, hilft es mir, an die frische Luft zu gehen. Ein Spaziergang ist für mich immer ein Rettungsanker, wenn ich meine Gedanken nicht beruhigen kann. Wenn du in dem Moment keine Zeit oder Möglichkeit hast, rauszugehen, können auch ein paar Atemzüge am geöffneten Fenster dabei helfen, dich mehr auf deinen Körper und den Moment, den du gerade erlebst, zu fokussieren.

IST ETWAS SCHWER,
DANN LASS ES DA SEIN.
SPÜRE AUCH
DAS SCHWERE.

Nur das, was du loslässt, kannst du wirklich besitzen
Loslassen ist für mich eine Übung geworden, in der ich versuche, Meisterschaft zu erlangen. Warum? Sobald ich versuche, etwas krampfhaft festzuhalten, sobald ich glaube, dass mein Glück von einer bestimmten Sache abhängt, hänge ich dieser Sache an. Ich bin abhängig. Und mit diesem Gefühl bin ich wieder ganz am Anfang meiner Geschichte angekommen. Wenn ich abhängig von etwas bin, das ich nicht in mir selbst finden kann, versuche ich, die Angelegenheit zu kontrollieren. Ich verlasse meinen Herzensweg, weil ich aus Angst handle, etwas zu verlieren.

Jedes Jahr im Advent bekommen mein Mann und ich von meiner Mutter diesen köstlichen Lindt-Adventskalender für Paare geschenkt. Und wenn ich mich nicht täusche, hat sich bisher jedes Jahr folgendes Zitat hinter einem der Türchen versteckt: „Was du liebst, lass frei. Kommt es zurück, gehört es dir – für immer." Dann muss ich immer lächeln, denn Konfuzius spricht mir mit diesen Worten aus dem Herzen. Was zu mir gehört, das bleibt. Das gilt für Lebensumstände und auch für Beziehungen. Gerade Beziehungen funktionieren nur in einer schönen, nährenden Weise, wenn sie nicht auf Abhängigkeiten beruhen. Unsere Gesellschaft hat das Thema Liebe so verdreht. Wir hören täglich Lieder im Radio, die sagen: „Ich kann nicht ohne deine Liebe leben." Ich verstehe die Intention dahinter. Wir möchten zum Ausdruck bringen, wie wichtig uns eine Person ist. Aber eigentlich legen wir der Liebe unseres Lebens eine enorme Last auf ihre Schultern. Je mehr wir in uns selbst angekommen sind, desto mehr können wir die Menschen in unserem Umfeld frei lieben. Solange wir dieses Loch in uns spüren und versuchen, es mit unserem Gegenüber zu stopfen, werden wir immer leer bleiben.

Wir sind alle miteinander verbunden, gestalten gemeinsam dieses große, wundervolle Jetzt und Hier. Die höchste und reinste Kunst ist es, Menschen zu lieben. Doch wir wollen uns auf Augenhöhe begegnen, um das Leben gemeinsam zu genießen, um uns zu ergänzen. Wir brauchen die Begegnungen, die uns geschenkt werden, nicht jene, die wir uns krampfhaft erarbeitet haben.

Eine kleine Frage, die mir im Alltag hilft, meine Motive zu überprüfen ist diese: Gebe ich aus Mangel oder aus Liebe? Wenn du deine eigenen Motive überprüfst und ehrlich zu dir selbst bist, dann kannst du Beziehungen erschaffen, die nicht Druck und Angst, sondern Weite und Schönheit in dein Leben bringen.

Mit leeren Händen kannst du den Moment ergreifen

Es gibt noch ein weiteres Gedankenspiel, das uns beim Loslassen helfen kann. Von Kindesbeinen an lernen wir, deutlich zu formulieren, was uns gehört. Meine Puppe, mein Zimmer, meine Familie. Wir fangen an, uns über diese Dinge zu definieren, finden unsere eigene Form durch das, was uns gehört. Wir verschmelzen förmlich mit all diesen Dingen und halten sie für selbstverständlich. Doch die Wahrheit ist: Mit leeren Händen kommen wir. Mit leeren Händen gehen wir.

Je mehr wir uns mit Dingen oder Menschen identifizieren, desto größer ist die Angst, sie zu verlieren. Wir denken, wir würden uns selbst verlieren. Und ein Stück weit stimmt das auch. Denn alles, was du besitzt, besitzt irgendwann dich.

Kennst du den Film „Die Götter müssen verrückt sein"? In der afrikanischen Kalahari-Wüste lebt ein Eingeborenen-Stamm friedlich und glücklich zusammen, bis eines Tages eine aus einem Flugzeug geworfene Cola-Flasche für ziemliche Aufregung sorgt. Die Flasche landet direkt vor den Füßen des Stammesoberhauptes Xi, der sie für ein Zeichen der Götter hält. Die Eingeborenen haben keine Ahnung, wozu dieses Geschenk der Götter gut sein könnte, und so will jeder einmal versuchen, es herauszubekommen. Und weil es dieses „Werkzeug" im Gegensatz zu anderen Gegenständen in ihrer Umgebung nur einmal gibt, führt dies zu immer mehr Streit unter den zuvor friedlich zusammenlebenden Stammesangehörigen.

Das kleine Wörtchen „meins" bringt immer eine Abspaltung von unserem Herzen, denn es lenkt den Fokus weg von diesem Moment und von unserem Inneren. Deshalb möchte ich dir einen Vorschlag machen, wie du all die schönen Dinge in deinem Leben noch bewusster genießen kannst, ohne mit ihnen zu verschmelzen. Versuche einmal, das Wort „meins" aus deinem Wortschatz zu streichen. Statt in „dein Bett" zu gehen, gehst du in „ein Bett" und empfindest ganz bewusst, in diesem Augenblick, Dankbarkeit für die weiche Matratze und die warme Decke. Anstelle „dein Abendbrot" zu essen, schneidest du eine Scheibe dieses kostbaren Brotes ab und genießt sie ganz bewusst.

Das Wort „meins" gänzlich aus deinem Wortschatz zu streichen, ist wahrscheinlich recht unrealistisch. Doch ein gelegentliches Bewusstmachen der Tatsache, dass du mit leeren Händen gekommen bist und mit leeren Händen gehen wirst, hilft dir, das, was du hast, in einer noch tieferen Dimension zu genießen.

Klarheit
Das innere Loslassen von Besitz oder bestimmten Vorstellungen kann einen enormen inneren Raum in uns freisetzen.

Das Gegenteil passiert, wenn wir festhalten. Die Sorge, etwas zu verlieren, die Angst, etwas nicht zu schaffen, diese Gedanken können uns völlig einnehmen und belagern. Ich kenne diese Art von Gedanken gut, denn ich habe sie lange in erdrückender Anzahl in mir herumgetragen. Unbearbeitete Gedanken, die Angst, etwas nicht zu schaffen, die Sorge, etwas zu verlieren ... Mein inneres Chaos war eine natürliche Folge davon. Die innere Überforderung, manchmal nicht in der Lage zu sein, einen klaren Gedanken zu fassen, das war für mich lange Zeit mein Leben. Aus dieser Position hatte ich keine andere Wahl, als einfach zu reagieren.

Etwas passiert, und du reagierst, denn es gibt keinen Raum, in dem du dein Handeln bedenken könntest. Doch wenn du beginnst, Dinge loszulassen, dann erwächst ein ganz neuer Freiraum, in dem du plötzlich wählen kannst. Es entsteht Klarheit. Du holst etwas bewusst in dein Inneres, du bearbeitest es und wählst dann, wie du damit umgehen möchtest. Chaos entsteht immer von selbst, doch Ordnung bedarf deiner Aufmerksamkeit. Durch das Loslassen bringst du Klarheit und Ordnung in dein Leben.

Meine Mutter ist die gläubigste Frau, die ich kenne. Ihr Vertrauen ist unerschütterlich und sie erinnert mich stets daran, loszulassen. Eines Tages gab sie mir einen kleinen, verknäulten Zettel mit den Worten: „Linda, vielleicht kannst du etwas damit anfangen." Die Worte, die auf dem Zettel standen, wurden zu der ersten Strophe eines neuen Liedes. Dieses Lied darf dich nun daran erinnern, loszulassen, dich in dein tiefstes Urvertrauen fallen zu lassen, mit dem Wissen, dass du getragen bist.

NIMM ES LEICHT

Einer sagte mal,
beim Sorgen gäb's nur einen Ort zu geh'n
und der Sturm,
die hohen Wellen,
würden dort zu ruhigen Seen.
Einer sagte mal,
Vertrauen sei die einzig gute Tat,
um die Angst zu besiegen,
die mal in dir wüten mag.

Einer sagte mal,
Vertrauen sei die stillste Art von Mut,
auf die Liebe hinzuschauen,
in der alle Hoffnung ruht.
Einer sagte mal,
Vertrauen sei der Schlüssel hin zum Herz
von dem Einen,
der dich tragen will durch Freude und durch Schmerz.

Nimm es leicht, nimm es leicht, nimm es leicht.
Halt nicht so fest, denn ich halt dich.

Einer sagte mal, die Sorgen wär'n wie Nebel auf dem Weg
und das Herz verliert die Klarheit,
dass es nicht mehr sicher geht.
Einer sagte mal,
Vertrauen macht die Schritte wieder fest,
auf den grau verhängten Wegen,
die das Leben mal zulässt.

**Nimm es leicht, nimm es leicht, nimm es leicht.
Halt nicht so fest, denn ich halt dich.**

Ich halt dich, ich halt die Welt,
das Universum, das Sternenzelt.
Die wilden Tiere, das Weltenmeer,
über alles bin ich Herr.

**Nimm es leicht, nimm es leicht, nimm es leicht.
Halt nicht so fest, denn ich halt dich.**

Kapitel sieben

DER WERT DES LEBENS

Das Leben ist für mich wertvoller geworden. Viel wertvoller, als es früher war. Jeder Moment ist kostbar, und ich wünsche mir, dieses Leben auszufüllen, einzunehmen und zu genießen. Das ganze Leben ist wie ein prächtiges Geschenk. Doch zu oft geben wir uns mit der schönen Verpackung zufrieden, statt die Schleife abzuziehen und das Papier zu lösen.

Kennst du dieses Gefühl? Du bekommst ein Geschenk. Nun steht es da, verheißungsvoll, liebevoll verpackt, doch dein Geburtstag ist erst morgen. Also genießt du die Vorfreude auf den Moment der Überraschung, der auf dich wartet. So ist es auch mit dem Leben. In jungen Jahren bewundern wir all die schönen Schleifen, die glitzernden Papiere, wir sind voller Vorfreude auf das, was kommt.

Doch unser eigenes Geschenk des Lebens möchte ausgepackt werden. **Irgendwann merken wir, dass sich all unsere Hoffnung, all die Vorfreude, erst erfüllen kann, wenn wir die Schleife lösen.**

Öffne dein Geschenk

Jeder Mensch trägt in sich ein ganz eigenes Geschenk. Keines ist dem anderen gleich. Und jedes Leben möchte aufbrechen wie die Sonne. Doch auch die Verpackung kann sehr imposant sein. Vielleicht hast du dich gut eingerichtet in deinem Leben. Die äußeren Rahmenbedingungen sind gar nicht so schlecht. Oder du glaubst, dass dein äußerer Rahmen dein

Schicksal ist und du gar nichts daran ändern kannst. Es gibt viele Gründe, die uns davon abhalten können, unsere Schleife zu öffnen. Doch spätestens wenn wir spüren, dass großer Druck in uns entsteht, ist es Zeit, nach innen zu gehen, das Band zu lösen.

Keine Energie nehmen wir so intensiv wahr wie die der Sonne. Sie ist verantwortlich für Tag und Nacht, Winter und Sommer, das Wachstum der Pflanzen und unsere Gesundheit. Ohne darüber nachzudenken, scheint sie tagein und tagaus und lebt ihr Element.

Doch es gibt noch eine weitere Energie, die wir täglich wahrnehmen. Es ist unsere eigene. Du spürst sie so intensiv, weil jeder einzelne Herzschlag, jeder deiner Atemzüge, von dieser Energie versorgt wird. **Das, was in dir pulsiert, möchte zum Ausdruck kommen, möchte dich und dein Leben mit Licht und Schönheit füllen.**

Tu es der Sonne gleich. Hab den Mut zu scheinen. Wenn du all das Leben in dir drin behältst, deine Verpackung dich einsperrt, dann wird all die Fülle an Leben dich innerlich unter extremen Druck setzen. Du denkst, dein Herz schweigt, weil du es nicht sprechen hörst. Doch dein Herz sucht andere Wege, um auf sich aufmerksam zu machen. Es macht Randale, bis du ihm endlich Aufmerksamkeit schenkst. Dein Herz will seinen Raum einnehmen in dieser Welt, möchte nicht in einer engen Hülle gefangen sein. Der Gedanke, dass es etwas Wunderschönes ist, das dich innerlich unter Druck setzen kann, wirft ein neues Licht auf das gesamte Bild und kann dir eine neue Perspektive öffnen.

Von Murmeln und Diamanten

Dein Leben ist unendlich wertvoll. Und doch hast du immer selbst die Wahl, wie viel Wert du ihm gibst. Vor allem, wenn wir mit etwas tagein, tagaus zusammen sind, nehmen wir den Wert einer Sache schnell nicht mehr wahr. Darüber habe ich in Kapitel drei geschrieben. Du selbst entscheidest, wie viel dein Herz und dein Leben für dich wert sind. Für mich ist dein Leben sehr wertvoll. Wer einmal einen Diamanten gesehen und seinen Wert begriffen hat, weiß, was ein Diamant wert ist. Wer einmal ein Herz gesehen und seinen Wert begriffen hat, weiß, dass jedes Herz unendlich wertvoll ist.

Eine meiner Lieblingsgeschichten[3] handelt von einem Mann, der nach Südafrika reist. Er sitzt vor der Hütte eines Häuptlings und sieht zu, wie die Kinder mit etwas wie Murmeln spielen. Doch nach einer Weile bemerkt er, dass es gar keine Murmeln sind. Er hebt ein paar davon auf und kann es kaum fassen. Er hält Diamanten in seiner Hand. Völlig begeistert fragt er den Häuptling, ob er für einen Beutel Tabak ein paar davon mit nach Hause nehmen dürfe. Seine Kinder würden auch gerne mit Murmeln spielen, aber solche würden sie noch nicht kennen. Der Häuptling lacht und meint, es wäre doch Betrug, den Tabak anzunehmen. Von den Steinen gäbe es Tausende. Er lässt die Kinder einen ganzen Korb füllen und übergibt ihn dem Mann. Dieser geht wieder nach Hause, verkauft die Steine und kehrt mit viel Geld zurück. Er kauft das Land und wird innerhalb weniger Jahre der reichste Mann der Welt.

Diese Geschichte ist ein eindrückliches Bild dafür, wie wir den Wert einer Sache verpassen können, einfach weil wir sie nicht erkennen.

Das Leben fließt

Wenn wir über den Wert des Lebens nachdenken, dann müssen wir gar nicht immer einen Blick für das Große haben. Auch im Kleinen finden wir ihn. Kein Moment wiederholt sich. Den Atemzug, den du jetzt nimmst, wirst du nie wieder erleben. Das ganze Leben fließt und ist in ständiger Bewegung. Ich vergleiche es gern mit einem Fluss. Derselbe Fluss ist nie der gleiche, denn er verändert sich durch die Bewegung in jedem Moment. Immer wieder fließt dir anderes und anderes Wasser zu, jeder Augenblick ist neu.

Es begegnen dir Stromschnellen und seichte, ruhige Wasser, doch der Fluss fließt treu weiter und trägt dich durch alles hindurch. Das Bild vom tragenden Wasser bringt uns zurück zu der Frage des Vertrauens von Albert Einstein. Ist das Universum ein freundlicher oder ein feindlicher Ort? Trägt das Wasser oder trägt es nicht? Meine Antwort steht fest. Das Universum ist ein freundlicher Ort und der Fluss trägt. Ich habe mich dazu entschlossen, mich jeden Tag von ihm treiben zu lassen, bereit, das zu leben und zu umarmen, was mir begegnet.

Ich verbinde meine Gedanken oft mit diesem Bild, werde dadurch aufmerksam, was gerade um mich herum passiert, was in mir passiert. Auch in uns fließt dieser Fluss. Wir verändern uns ständig. **Wir dürfen wählen, in welche Richtung wir uns verändern möchten, hin zur Liebe oder hin zur Angst.** Jeder Tag ist neu. Jeder Tag ist in Bewegung. Es ist immer dasselbe Leben, immer derselbe Fluss, doch an jedem Tag fließt dir anderes und anderes Wasser zu. Was findest du in diesem Wasser? Welche Menschen begegnen dir? Welche neuen Gedanken kommen dir in den Sinn? Wie ist heute die Farbe des Himmels?

Wir sind nicht allein. Halte Ausschau, denn immer wieder begegnen uns wunderschöne Überraschungen. Wenn alles in Bewegung ist, dann ist jeder Morgen, an dem wir aufwachen, ein neues Geschenk.

Den Wandel zu umarmen und all das Schöne darin zu finden, kann eine neugierige und hoffnungsvolle Freude in dir wecken. Wer mit dem Guten rechnet, der wird die Augen offen haben für all das Gute, das ihm zufließt.

Als ich begann, mit diesem Bild Freundschaft zu schließen, sah ich mich im Wasser. Doch ich ließ mich nicht entspannt treiben, ich sah, wie ich mich krampfhaft an einem Ast am Ufer festhielt. Das ist mein persönliches Bild von Kontrolle geworden; ich halte mich an diesem Ast, an meinen genauen Vorstellungen fest, während das Leben an mir vorbeifließt. Doch in jedem Moment, in dem ich die Kontrolle loslasse, kann ich frei sein.

Nicht erst morgen
Kennst du das? Dieses Gefühl, nur einen Zentimeter von deinem Glück entfernt zu sein? Du denkst, wenn du schlank bist, dann bist du glücklich. Wenn du in Rente bist, dann hast du endlich Zeit für das, was dir wichtig ist. Wenn du den richtigen Partner oder den richtigen Job gefunden hast, dann kannst du endlich dein Leben genießen. Vielleicht denkst du auch: Nach dem Tod, im Himmel, beginnt endlich das Leben in Fülle.

Manchmal ist es schwer für uns, anzunehmen, dass unser Leben schon sehr gut ist, wie es ist, mit all seinen Höhen und Tiefen. Wir warten auf eine bessere Zeit, wollen in der Vorfreude und der Hoffnung bleiben, dass eines Tages unsere Zeit gekommen ist. Wenn du immer noch auf morgen, auf eine bessere Zeit wartest, dann hast du dein Geschenk noch nicht geöffnet. Wir können unser ganzes Leben damit verbringen, auf bessere Zeiten zu warten, auf den Himmel zu warten.

Wir fühlen uns diesen guten Zeiten so unheimlich nah, denken, ein Umstand könne alles verändern. Wir warten, während unser Leben vorbeifließt. **Ich bitte dich, warte nicht mehr auf morgen, lass dein Leben nicht vorbeiziehen in der Hoffnung auf bessere Zeiten.** Wage einen kleinen Schritt, wage einen neuen Gedanken, wage es, dir selbst und dem Leben zu vertrauen. Öffne dein Geschenk. Es gehört dir. Lass nicht zu, dass es dir geraubt wird, und enthalte es dir auch nicht selbst vor. Was möchtest du tun? Wovon träumst du? Und was ist der erste kleine Schritt, den du heute in diese Richtung tun könntest?

Das weiße Blatt Papier

Als meine Pastorenfrauen-Aufgabe und der über Jahre aufgebaute innerliche Druck wegfiel, hatte ich das Gefühl, ein weißes Blatt läge vor mir. Es ging nicht mehr darum, Aufgaben abzulesen und auszuführen, plötzlich gab es Raum, um eigene Zeilen zu schreiben. Heute, viele Jahre später, weiß ich, dass ich dieses weiße Blatt immer zur Verfügung hatte. Es lag nicht an der Gemeinde oder meinen Lebensumständen. Es lag an mir. Ich hatte nicht die innere Freiheit, über mein Leben nachzudenken, ich erlaubte es mir nicht. Tief in mir hatte ich immer die Überzeugung, ich müsse jederzeit bereit sein, auf die Bedürfnisse meines Umfeldes reagieren zu können. Noch heute merke ich, wie diese alten Muster gelegentlich aktiv sind. Doch ich enttarne sie immer schneller. Manchmal sind es sehr kleine Veränderungen, die ein Leben in eine ganz neue Richtung führen können. Und manchmal geht es letztendlich gar nicht um die Dinge, die wir tun, sondern darum, sich bewusst selbst zu achten, die eigenen Grenzen wertzuschätzen und auch die Dinge zu tun, die den eigenen Bedürfnissen entsprechen.

Du kannst dir dein Leben vorstellen wie ein Buch mit weißen Seiten. Solange du nicht beginnst, diese Seiten selbst zu füllen, werden alle Menschen um dich herum es tun, so wie sie es für richtig oder passend halten.

In diesem Moment schreibe ich die letzten Zeilen meines Buches. Nicht das Buch meines Lebens, doch eines, das Teil meiner Lebensgeschichte sein wird. Ich erinnere mich noch gut an das weiße Blatt Papier am Anfang. Die ersten Zeilen sahen recht chaotisch aus und es hat einige Zeit und weitere chaotische Seiten gebraucht, bis ich in den Schreibfluss gekommen bin. Manche Kapitel konnte ich einfach fließen lassen, für andere habe ich mehr Anstrengung gebraucht. Doch am Ende ist dieses Buch fertig geworden.

Nun sitzt du vor deinem Buch, deinem Leben. Jeden Tag bekommst du eine neue Seite geschenkt. Schreibe los und bedenke, es ist deine Geschichte. Die Seiten dürfen chaotisch sein, sie dürfen sehr voll oder luftig gestaltet werden. Du entscheidest.

Schön, dass es dich gibt.

LEBENDIG

Endliche Sekunden aneinandergereiht,
beherbergen fließende Unendlichkeit.
In diesem Zeitraum ist so vieles drin,
doch oft frage ich mich, wo ich gerade bin.

Am Ufer ein Ast und ich klammer' mich fest,
die Strömung, die Gicht, gibt mir beinah' den Rest.
Das Leben fließt weiter, lässt sich nicht stör'n,
obwohl diese Zeiten doch nur mir gehör'n.

**Du bist da,
doch nur, wenn ich dich spüre,
wenn ich dich berühre,
bin ich lebendig.
Du bist da,
doch nur, wenn ich dich greife,
wenn ich an dir reife,
bin ich lebendig.**

Mein Herzschlag, begrenzt auf Raum und auf Zeit,
doch in meinem Herzen fließt Ewigkeit.
Ich lasse los, klammer' mich nicht mehr fest,
weil du mich nur so lebendig sein lässt.

Du bist da,
doch nur, wenn ich dich spüre,
wenn ich dich berühre,
bin ich lebendig.
Du bist da,
doch nur, wenn ich dich greife,
wenn ich an dir reife,
bin ich lebendig.

Outro

ÜBUNGEN
FÜR DEIN HERZ

WAS IN DIR
BEGINNT ZU LEUCHTEN,
DAS WIRFT SEIN LICHT
AUF ALLES,
WAS DU SIEHST.

Kennst du das? Du liest ein Buch oder du hörst dir einen Vortrag an und am Ende bleibt dir dieser eine Gedanke hängen, der dein Herz berührt hat. Wenn das bei dir auch so ist, wenn du einen Gedanken hast, der dir aus diesem Buch hängen geblieben ist, dann könnte er für jetzt wichtiger sein als alles andere, was du hier gelesen hast. Denn aus irgendeinem Grund hat dieser Gedanke in deinem Herzen Widerhall gefunden. Ich möchte dir Mut machen, diesem Gedanken Raum zu schenken. Was bewegt er in dir? Warum ist es genau dieser Gedanke? Das könnte direkt eine kleine Übung sein. Der Weg weg vom Bewerten der Situationen durch unsere alten Muster hin zu einem Verständnis unserer Herzensstimme ist Übungssache. Egal, wie verbunden du mit oder wie weit weg du von deinem Herzen bist, der Weg hin zu dir ist da und möchte gegangen werden. Wenn etwas Übungssache ist, dann sind Übungen hilfreich, vor allem dann, wenn man selbst noch nicht weiß, wo man anfangen soll.

Was lockt das Herz? Und was tut ihm gut? Es ist die liebevolle Aufmerksamkeit. Wie wir uns diese schenken können, ist mannigfaltig. Ich habe dir vier Übungen aufgeschrieben, die mich auf meiner Herzensreise begleitet haben und die mir bis heute immer wieder helfen, mich mit mir selbst zu verbinden. Die ersten zwei Übungen können uns einen frischen Blick auf uns selbst schenken.

Ein kleiner Hinweis: Diese zwei Übungen sind Imaginationsübungen. Sie ersetzen keine Therapie. Wenn du also merkst, dass dich beim Ausprobieren der Übung etwas triggert oder du dich schlecht fühlst, dann lass die Übung los. Wenn du dich generell oft schlecht fühlst oder sehr unglücklich in deinem Leben bist, dann könntest du vielleicht darüber nachdenken, dir professionelle Hilfe zu holen. Dein Leben ist zu wertvoll, um es mit dauerhaftem Leid zu füllen. Ein Blick von außen kann uns neue Dimensionen der Heilung eröffnen.

Nach den zwei Übungen, die das Herz locken wollen, folgen zwei weitere Übungen, die dir helfen können, Druck loszulassen und deinen inneren Frieden zu finden.

ZWEI ÜBUNGEN, UM DAS HERZ ZU LOCKEN

ÜBUNG 1:
KOPF- & HERZ-STUHL

Stelle zwei Stühle gegenüber, die Sitzflächen einander zugewandt. Ein Stuhl steht für dein Herz, der andere Stuhl für deinen Verstand. Setze dich einfach auf einen der Stühle, und fange an, aus der jeweiligen Perspektive (Kopf oder Herz) mit deinem Gegenüber (dem Teil, den du gerade nicht repräsentierst), zu argumentieren.

Worüber kannst du sprechen? Über alles! Um ein Beispiel aus diesem Buch aufzugreifen: Frage dich, ob du glaubst, dass du liebenswert bist. Frag dich, warum du so oft das tust, was andere wollen, ohne zu bedenken, was dir wichtig ist. Und wenn diese beiden Themen für dich gar kein Thema sind, dann wähle eines, was dich bewegt. Du kannst auch eine sehr konkrete Situation besprechen, die dich beschäftigt. Soll ich diesen Job annehmen? Will ich wirklich anfangen zu joggen? Was auch immer für eine Frage in deinem Kopf rumschwirrt (vielleicht ist es auch nur ein Gefühl, das du noch nicht richtig greifen kannst), diese Übung ist hilfreich, wenn du Antworten suchst.

Sie ist aber auch ein Einstieg, um überhaupt das erste Mal mit deinem Herzen in Verbindung zu kommen.

Als ich zum ersten Mal auf meinem Herz-Stuhl saß, konnte ich keinen Ton sagen. Mir blieb die Luft im Hals stecken. Das war für mich ein Schock. Damit hatte ich nicht gerechnet. Doch heute, nach einigen Jahren Übung, fließen die Worte, und ich kann deutlich formulieren, wonach ich mich sehne und wie ich mein Leben gestalten möchte. Von diesem Erlebnis habe ich in Kapitel drei berichtet.

ÜBUNG 2: GEDANKENREISE ZU DEINEM ZUKÜNFTIGEN ICH

Die zweite Übung ist ein Gedankenspiel. Diese Übung hilft dir, dich von deinen aktuellen Gefühlen zu lösen, die durch deine Gedanken und dein Umfeld ausgelöst werden. Du kannst dich neutraler wahrnehmen und so einen ganz anderen Zugang zu deinem Herzen bekommen.

Suche dir in deiner Vorstellung einen Ort aus, an dem du dich sehr wohl fühlst. Er kann bekannt oder frei erfunden sein. Dort triffst du dich selbst, allerdings als alte Dame, vielleicht 90 Jahre alt. Diese Frau hat das Leben deiner Träume schon gelebt. Sie hat immer auf ihr Herz gehört und alles erreicht, wovon du im Moment träumst. Lass dich von ihrer Zufriedenheit und Weisheit inspirieren. Macht es euch gemütlich und redet miteinander. Besprich mit dieser weisen Frau alles, was dich bewegt.

Es braucht vielleicht einen Moment, bis du dich auf diese Übung einlassen kannst. Doch es lohnt sich. Alles beginnt in dir, bevor es um dich herum wahr wird. An diesem imaginären Ort kannst du gemeinsam mit einer weisen Verbündeten dein erfülltes, wundervolles Leben erschaffen. Sie ist ja schon dort, hat die ganze Reise hinter sich, und kann dir guten Rat geben. Die erste Seite meines Kalenders zeigt mir täglich ein Foto von meinem zukünftigen Ich, ein bearbeitetes Original mit weißen Haaren und Falten. Diese Frau ist meine Mentorin, meine Herzensstimme aus der Zukunft. Oft frage ich sie, und damit mich selbst: „Was denkst du über das, was ich jetzt tun möchte?"

> Versuch doch mal, ein paar der Antworten, die du normalerweise um dich herum suchst, in dir drin zu finden.

ZWEI ÜBUNGEN, UM FRIEDEN ZU FINDEN

ÜBUNG 3:
TROST UND TROSTLOSIGKEIT[*]

Die Übung von „Trost und Trostlosigkeit" führt dich anhand von Fragen von der naheliegenden Bewertung einer Situation hin zu deinem persönlichen Ermessen, dem, was dein Herz wirklich denkt. Bei diesen Fragen geht es um zwei Herzensregungen: Trost und Trostlosigkeit.

Herzensregung
TROST

Das in unseren Augen Richtige getan zu haben, löst in unserem Herzen ein Gefühl des Trostes und des Friedens aus. Es ist wie eine zarte Umarmung, die Erlaubnis an das Herz, weiterzureden, Tränen fließen zu lassen, vor Freude vor sich hin zu lächeln, einfach zu sein. Dieses Gefühl des Angenommenseins, das Wissen, dass alles gut ist, auch wenn die äußeren Umstände schwer sein können, erweckt ein immer größer werdendes Vertrauen, größere Liebe und größere Hoffnung.

Herzensregung
TROSTLOSIGKEIT

Das Gefühl der Trostlosigkeit ist das komplette Gegenteil. Wir fühlen uns verwirrt, orientierungslos, überfordert und traurig. Das Vertrauen, die Liebe und die Hoffnung scheinen wie verloren zu sein.

Am einfachsten gelingt diese Übung am Abend. Lass den Tag Revue passieren, geh die verschiedenen Situationen durch und stelle dir Fragen dazu. Zuerst kannst du dir die Fragen des Trostes stellen und dabei den Tag vor deinem inneren Auge vorbeiziehen lassen. Versuche nicht, deinen Tag logisch zu bewerten, sondern die Momente zu spüren. Welche Situationen kommen dir bei den folgenden Fragen in den Sinn?

> „Wann habe ich mich heute am lebendigsten gefühlt?
> Wofür bin ich am meisten dankbar?
> Wann hatte ich heute am stärksten den Eindruck,
> mit mir selbst, anderen und Gott verbunden zu sein?"[5]

In einem zweiten Schritt kannst du dich den Fragen der Trostlosigkeit stellen und auch dabei den Tag vor deinem inneren Auge vorbeiziehen lassen. Welche Situationen kommen dir in den Sinn?

> „Wann habe ich mich heute am wenigsten lebendig gefühlt? Wofür bin ich am wenigsten dankbar?
> Wann hatte ich heute am wenigsten das Gefühl,
> mit mir selbst, anderen und Gott verbunden zu sein?"[6]

Notiere dir deine Antworten und danke dir selbst, dass du den Mut gehabt hast, in dich hineinzuspüren. Der Weg zum Herzen ist eine Wahrnehmungsschule. Und du hast gerade ganz bewusst in diese Schule investiert, in dich investiert.

Wenn du beginnst, dich in diese Herzensregungen hineinzufühlen, dann empfindest du sie nicht wie zum Beispiel ein schlechtes Gewissen, das meist im Kopf entsteht. Den Trost empfindest du in deinem tiefsten Sein. Ich spüre die feinsten Regungen in meinem Bauch und in meiner Brust. Unser körperliches Empfinden spielt eine große Rolle. Die Gedanken sind erstmal zweitrangig, denn sie wollen gleich nach den alten Mustern bewerten, was richtig und was falsch ist.

Auch wenn du erst im Nachgang verstehst, aus welcher Quelle – aus dem Herzen oder aus der Angst – du entschieden hast, wirst du ein starkes Gefühl für dich bekommen und gewisse Gedankenmuster erkennen, die sich immer wiederholen. Es sind geheilte, liebevolle Muster, die einen Hinweis auf deine Werte und Wünsche geben, aber auch Muster der Angst, die immer wieder auftauchen und liebevoll bearbeitet werden dürfen. So wirst du Stück für Stück mehr Trost, Heilung und Frieden in dein Leben holen, denn nur, was wir bewusst wahrnehmen, können wir auch umarmen oder verändern.

ÜBUNG 4: MOMENT DER ANNAHME

Bei dieser Übung geht es darum, Gefühle zu empfinden, zu benennen, anzunehmen und abzugeben. Zieh dich für diese Übung an einen ruhigen Ort zurück. Setze dich bequem hin, atme ein paar Mal bewusst ein und aus.

MOMENT DER ANNAHME

1. Spüre in deinen Körper hinein, höre ihm zu. Finde den Ort, an dem du die Emotion in deinem Körper fühlst. Lass dich ganz ein auf das, was dein Körper in diesem Moment empfindet, lass dich hineinfallen in die gerade präsente Emotion und erlebe sie bewusst.

2. Heiße diese körperliche Empfindung willkommen und gib dieser Emotion einen Namen. Danke ihr dafür, dass sie in dir aufgestiegen ist.

3. Lass die Emotion gehen, indem du sagst:

*„Ich lasse mein Bestreben
nach Sicherheit, Zuneigung und Kontrolle los
und umarme diesen Moment
genauso, wie er ist."*

DANKSAGUNG

DANKE an meinen Mann und meine Kinder.
Ohne eure liebevolle Unterstützung auf dieser verrückten Buch- und Musikreise wäre das alles nicht möglich gewesen. Ich liebe euch und ich liebe unser Leben.

DANKE an meine Eltern.
Ihr habt immer an mich geglaubt und mir Raum gegeben, zu wachsen. Ihr seid unvergleichbar und unersetzbar. Danke für eure Liebe und eure Freundschaft.

DANKE, Mama, Tabea und Dorothea,
dass ihr mit eurer Klarheit und euren aufmerksamen Fragen das Beste aus jedem Gedanken in diesem Buch herausgelockt habt.

DANKE, Katrin, Andrea, Semjon, Flo und Melanie.
Ihr habt meine Musik aus meinem kleinen
Zimmer ins Licht geholt.

DANKE an meine Familie und meine Freunde.
Ihr wart mir immer Wegbegleiter und ein sicherer Raum –
für dieses Buchprojekt und in all den Zeiten, von denen es
spricht.

DANKE an jede Leserin,
die diesem Buch Raum in ihrem Leben gibt.

ÜBER DIE AUTORIN

Linda McSweeny, Jahrgang 1982, ist Grafikerin und Singer-Songwriterin. Sie gründete und leitet sieben Jahre lang gemeinsam mit ihrem Mann eine christliche Gemeinde in Frankfurt, bis sie diese aus gesundheitlichen Gründen schließen mussten. Ausgebrannt und fern von ihrer eigenen Herzensstimme begann für Linda eine lebensverändernde Reise. Diese Erlebnisse flossen in ihr Buch „Vom Glück, das eigene Herz zu finden" und ihre berührenden Lieder ein, die anderen Mut machen sollen, ebenfalls ihre innere Stimme zu erkunden. Linda lebt mit ihrem Mann und ihren zwei Töchtern bei Frankfurt und teilt ihre Erkenntnisse über Schönheit, Frieden und Selbstentdeckung mit einer herzlichen Offenheit.

ANMERKUNGEN

[1] Ein Buch, dass mir sehr geholfen hat, meine Gefühle und Gedanken besser zu verstehen, ist das Buch „Wer hat mein Gehirn ausgeschaltet?" von Dr. Caroline Leaf.

[2] Diese Geschichte habe ich in dem Buch „Selbstakzeptanz und Selbststärke entwickeln. Mein Reinschreibbuch mit Impulsen und Übungen", erschienen 2021 im Beltz Verlag, gefunden.

[3] Diese Geschichte erzählt Anthony de Mello in seinem Buch „Das Leben neu entdecken. Aufwachen zum Glück" nach, das 2013 beim Herder Verlag erschienen ist.

[4] Diese Übung stammt aus dem Buch „Verwandelt. Werden, wie Gott mich gedacht hat" von Birgit Schilling, erschienen 2016 bei SCM R. Brockhaus. Ich habe daraus die Gedanken zusammengefasst, die mir besonders wichtig geworden sind.

[5] Schilling, S. 133.

[6] Ebd. S. 134.

Eine Einladung zum Durchatmen

„Es tut gut, auch mal im eigenen Leben die touristische Brille aufzusetzen und sich zu freuen: über das, was ist. Das Schöne, das Wärmende, das Bezaubernde, vielleicht das Unglaubliche."

URSULA KOLLRITSCH

Gebunden
zweifarbige Innengestaltung
208 Seiten
ISBN: 978-3-86334-380-4

 Auch als eBook erhältlich

Auf einer Parkbank in die Sonne blinzeln. Auf der Luftmatratze im Baggersee treiben. Ursula Kollritsch hat sich auf Spurensuche begeben und wundervolle Entdeckungen gemacht. Oft braucht es nur ein bisschen Aufmerksamkeit und Wertschätzung für unsere Umgebung, um das Schöne und Lebenswerte wahrzunehmen. Dieses Buch versammelt 75 gut erreichbare und originelle Wohlfühlorte für kleine Auszeiten im oft stressigen Alltag.

Leseprobe unter www.adeo-verlag.de
Erhältlich im Buchhandel oder unter www.adeo-verlag.de